स्वर वीथिका

मनोज कुमार श्रीवास्तव

ISBN 979-8-88546-899-2

मेरी प्रेयसी, मेरी हृदयांशी,
मेरी अर्धांगिनी नमिता को समर्पित

क्रम-सूची

अपनी बात

नमस्कार साथियों,

अत्यंत हर्ष का विषय है कि मेरी तीसरी पुस्तक "स्वर वीथिका" आज आपके हाथों में है। हाँ यह सच है, कि विगत पुस्तक के पश्चात इस पुस्तक के आने में काफी वर्षों का अंतराल आ गया। जहाँ मेरी प्रथम पुस्तक "अवशेष" वर्ष 2007 में प्रकाशित हुई थी, वहीं "कुछ अपनी कुछ जग की" वर्ष 2016 में प्रकाशित हुई। इस प्रकार से 'स्वर वीथिका' को आने में 5 वर्षों से अधिक समय का अप्रत्याशित विलंब हुआ। मैं स्वीकार करता हूँ कि इसका मुख्य कारण मेरी थोड़ी सी व्यस्तता और अधिक अकर्मण्यता रही। अतः इसके लिए मैं आप सभी से क्षमा चाहता हूँ, परंतु आशा है की आगामी पुस्तकों हेतु आपको इतनी अधिक प्रतीक्षा शायद नहीं करनी पड़ेगी।

"स्वर वीथिका", कुछ शब्दों के समन्यव का एक प्रयास है ताकि स्वर उनके माध्यम से अपनी एक यात्रा कर सकें। इस पुस्तक का आरम्भ 21 नामों के साथ भगवान गणेश की आराधना में 5 दोहों से की गई है, तत्पश्चात, भगवान शिव की स्तुति उनके दिव्य 108 नामों के साथ की गई है, यह मूलतः भगवान शिव की नामावली ही है, जिसे एक क्रम दिया गया है। पुस्तक में कुछ भजन हैं, कुछ गीत हैं, कुछ संदेशप्रद रचनाएँ हैं तो कुछ बस यूँ ही लिख दी गई हैं। स्वरों

का स्वाद बदलने के लिए कुछ गजलें भी हैं, जो कि आशा है कि आपका ध्यान अवश्य आकृष्ट करेंगी।

इस पुस्तक में रचनाओं के माध्यम से उठाए गए विषयों में प्रेम तथा विरह गीतों और भजनों के अतिरिक्त स्वतन्त्रता दिवस, महिला दिवस, ग्रीष्म, वर्षा और बसंत ऋतु, जल संचय, राजनीति, भूख, गरीबी, देहदान, मृत्यु, आत्महत्या, कोरोना, स्वच्छता, विज्ञान और बच्चों से संबन्धित रचनाएँ भी शामिल की गई हैं, आशा है कि ये सब आप सभी को पसंद भी आएंगी।

साथियों, मेरा स्वयं का मानना है है कि गीतों की रचना में छंदों की बाध्यता आवश्यक नहीं होनी चाहिए, हाँ यह अवश्य है की छंदबद्ध रचनाओं में लय स्वतः ही उत्पन्न हो जाती है, परंतु फिर उनमें उनका वह सहज उन्मुक्त भाव कहीं न कहीं लोपित हो जाता है। अतः इस पुस्तक में प्रस्तुत रचनाओं अथवा गीतों को छंदों अथवा मात्राओं के बंधन से मुक्त रखा गया है। जहाँ तक छंदबद्ध रचनाओं का प्रश्न है, उन्हें मैं अपनी आगामी पुस्तक में समाहित करने का प्रयास अवश्य करूंगा।

अब गीत चूँकि किसी लय पर आधारित होते हैं और पुस्तक में मात्र शब्द या बोल ही होंगे, अतः इस बात को ध्यान में रखते हुये मेरा प्रयास होगा कि भविष्य में कभी फेसबुक पेज अथवा यु-ट्यूब के माध्यम से कुछ गीतों को आप तक अवश्य लाया जाए, ताकि आप उस लय से दो चार हो सकें जिसे ध्यान में रखकर किसी गीत विशेष कि रचना की गई थी। इस हेतु 'स्वर वीथिका' के नाम से ही पेज निर्मित करने का प्रयास किया जाएगा।

इस पुस्तक की रचना में कुछ विशिष्ट लोगों का सहयोग निश्चित रूप से मिला है, जिनका उल्लेख न करना उनके साथ अन्याय ही होगा। मेरी पत्नी नमिता श्रीवास्तव और पुत्री संस्कृति श्रीवास्तव ने सभी गीतों और रचनाओं को न केवल सुना बल्कि उनको अनुमोदित और अस्वीकृत भी किया, जिसके कारण कुछ चयनित रचनाएँ ही इस पुस्तक में शामिल हो सकी। कुछ अन्य मित्रों और परिजनों का, जिनका सहयोग मुझे निर्बाध रूप से समय समय पर प्राप्त होता रहा है, उनमें डॉक्टर मधुलिका मिश्रा त्रिपाठी, सुश्री प्रियंका राज, सुश्री अपूर्वा श्रीवास्तव, श्री अरविंद कुमार, श्री अभिषेक रंजन, श्री जयवीर सिंह अत्री, श्री गिरीश चन्द्र सनवाल, श्री प्रताप चन्द्र मण्डल, श्रीमति श्वेता सिंह, श्री सुशील श्रीवास्तव, श्रीमति निधि श्रीवास्तव और श्री प्रणव बिहारी जी वे प्रमुख नाम हैं जिनको मैं विशेष रूप से धन्यवाद देना चाहता हूँ, जो की "स्वर वीथिका" की इस यात्रा में मेरे सहगामी बने। अपने माता पिता का तो मैं सदैव ऋणी रहूँगा ही, जिनके आशीर्वाद के बिना कोई कार्य सफल हो ही नहीं सकता। साथ ही इस पुस्तक के माध्यम से मैं उन सभी मित्रों और पाठकों को विशेष रूप से धन्यवाद ज्ञपित करना चाहता हूँ, जिन्होंने न केवल मेरी पिछली पुस्तकों को पढ़कर सराहा वरन मुझे अनवरत कुछ नया करने की प्रेरणा देते रहे। उन अन्य साथियों का भी धन्यवाद, जिनका नाम यहाँ मैं नहीं ले सका किन्तु जिन्होने इस पुस्तक में शामिल रचनाओं का समय समय पर समुचित मूल्यांकन कर इस पुस्तक को एक सही स्वरूप लेने में सहायता प्रदान की।

साथियों आशा करता हूँ कि प्रस्तुत पुस्तक आपको पसंद आएगी और आप अपनी उचित प्रतिक्रिया मुझ तक अवश्य प्रेषित करेंगे, ताकि भविष्य में तद्नुसार और बेहतर कार्य किया जा सके।

आपका ही,

मनोज कुमार श्रीवास्तव "कुमार"

मोहल्ला - आर्यनगर (निकट गुरुद्वारा)

उतरौला, जिला- बलरामपुर (उत्तर प्रदेश)

मोबाइल संख्या - 7838117400, 7004154108

अन्य संपर्क सूत्र:

ब्लॉग - manojobc@blogspot.com

फेसबुक - facebook.com/manojobc

ट्विटर - @manoj_obc

ई-मेल - manojobc@rediffmail.com

ॐ श्री गणेशाय नमः

विघ्नविनाशक विघ्नहर, गणाध्यक्ष गजनान।
वरदविनायक कृपाकर, कृपासिंधु भगवान॥ (१)

रुद्रप्रिये क्षेमंकरी, उमापुत्र उद्दंड।
अमित अखूरथ गजानन, करते कष्ट विखंड॥ (२)

उर उत्साहित मार्ग नव, पर हूँ आज कवीश।
प्रथमेश्वर बाधा हरो, उमापुत्र अवनीश॥ (३)

सदा काल प्रतिकूल में, सद्पथ का हो ध्यान।
मर्यादा संचित रहे, रखना वरप्रद मान॥ (४)

सेवक से त्रुटि है सहज, बुद्धिनाथ हेरम्ब।
क्षमा करें अवगुण सभी, गौरीसुत अविलम्ब॥ (५)

1. ॐ नमः शिवाय

शिव शम्भु शाशिशेखर शिवाप्रिय शुद्धविग्रह शाश्वत।
शूलपाणी सूक्ष्मतनु शितिकंठ सोम सदाशिव॥ (१)

शिपिविष्ट अज सर्वज्ञ देव सहस्रपाद गिरीश्वर।
भूतनाथ भुजंगभूषण शर्व सात्विक शंकर॥ (२)

नीललोहित यज्ञमय हवि पंचवक्त्र परमात्मा।
भक्तवत्सल चारुविक्रम जगद्गुरु अनेकात्मा॥ (३)

विरूपाक्ष वृषभारूढ़ मृड भगवान भर्ग अनीश्वर।
कृत्तिवासा प्रजापति श्रीकंठ भीम दिगंबर॥ (४)

कैलाशवासी अहिर्बुध्न्य हिरण्यरेता तारक।
जगद्व्यापी महाकाल वृषांक हरि त्रिपुरांतक॥ (५)

परशुहस्त अव्यग्र अव्यय सहस्राक्ष गंगाधर।
भगनेत्रभिद महासेनजनक रूद्र दक्षाध्वरहर॥ (६)

व्योमकेश कठोर कवची उग्र भव विश्वेश्वर।
वामदेव कपाली गिरिप्रिय ललाटाक्ष परमेश्वर॥ (७)

स्वरमयी अपवर्गप्रद गणनाथ विष्णुवल्लभ।
अष्टमूर्ति अनघ अम्बिकानाथ पूषदंतभित॥ (८)

सुरसूदन अव्यक्त त्रिलोकेश पाशविमोचन।
वीरभद्र कृपानिधि सोमसुर्यग्निलोचन॥ (९)

खंडपरशु स्थाणु गिरिधन्वा गिरीश महेश्वर।
महादेव दुर्धुर्ष पशुपति हर अनंत जटाधर॥ (१०)

कामारी मृगपाणि सामप्रिय भास्मोद्धुलितविग्रह।
खट्वांगी त्रयमूर्ति कपर्दी पुरारारि प्रमथाधिप॥ (११)

हे मनोजेश्वर मृत्युंजय भक्ति भर दें भावना।
सुत शरणागत प्रभु पिनाकी कृपा कीजै सर्वदा॥ (१२)

2. प्यारा हिन्द

दुनिया में सबसे प्यारा, है हिन्द ही हमारा।
कितनी हैं विविधताएं, फिर भी है सबसे न्यारा॥

हैं भिन्न बोली भाषा, संस्कृति अनूठी गाथा।
पहनावे अपनी नाना, पहचान खुद बताता।
है सबकी सोच विरली, पर सबके सब सहारा।
दुनिया में सबसे प्यारा, है हिन्द ही हमारा॥
कितनी हैं विविधताएं...

संविधान राष्ट्र धड़कन, जिसपर चलें प्रजाजन।
नर नारी उन्नयन को, उपलब्ध कोटि साधन।
वसुधा कुटुंब में हम, करते सभी गुजारा।
दुनिया में सबसे प्यारा, है हिन्द ही हमारा॥
कितनी हैं विविधताएं...

आध्यात्म योग शक्ति, पावन पुनीत भक्ति।
हैं अपूर्व पर्व इतने, हर क्षण सुखी हो व्यक्ति।
अर्पण समर्पणों से, सुख मिलता प्रभु के द्वारा।
दुनिया में सबसे प्यारा, है हिन्द ही हमारा॥
कितनी हैं विविधताएं...

दुनिया में सबसे प्यारा, है हिन्द ही हमारा।
कितनी हैं विविधताएं, फिर भी है सबसे न्यारा॥

3. मन रे रम राम

मन रे रम राम न कर विश्राम,
इस जग का क्या सब माया है।
बस राम ही नाम है मुक्ति का धाम,
वहीं से मिले सुख छाया है॥

धन दौलत शोहरत मिट जानी,
ना कोई चलेगी रे मनमानी।
वो ही जाने उसके मन की,
चिड़िया चहकी उड़ पुनि आनी।
दिल शोक न कर रे पल भर भी,
बस सोच कि क्या तू लाया है।
बस राम ही नाम...

दीपक जैसे जलता जब तक,
जीवन दिखता उसमें तब तक।
जब प्रभु के हाथों डोर बँधी,
फिर जीवन राम कहे जब तक।
हरि धाम चलो ले प्राण मेरे,
तज माटी बची जो काया है।
बस राम ही नाम...

मैं निर्धन मूरख अज्ञानी,
मैं याचक, रघुनन्दन दानी,
बस राम के नाम ही आस बची,
बाकी तो दुनिया अनजानी।
उस छोर चलें जिस ओर प्रभू,
शीतल सुख की वहीं छाया है।
बस राम ही नाम...

तन पाप भरे तम में रहता,
भ्रम भाव लिए चहुंदिश फिरता,
वह भक्ति प्रदान करो हे प्रभू,
परधाम का जिससे सुख मिलता।
हरि शरण चरण में पाने को,
मन याचक यह चल आया है।
बस राम ही नाम...

मन रे रम राम न कर विश्राम,
इस जग का क्या सब माया है।
बस राम ही नाम है मुक्ति का धाम,
वहीं से मिले सुख छाया है॥

4. जिंदगी के चार दिन

कष्ट जो अनेक मार्ग के उन्हें भुलाओ।
जिन्दगी जो चार दिन की मौज में उड़ाओ॥

आज घात कर रही प्रकृति ये अनूठी।
जाने क्यूँ धरा धरा निवासियों से रूठी।
हर तरफ ही आसरे की श्वास डोर टूटी।
लग रहा ज्यों आपदा पहाड़ बन के फूटी॥
जाने होगा क्या छिपा भविष्य में बताओ।
जिन्दगी जो चार दिन की मौज में उड़ाओ॥

भूख है कहीं विकट कहीं अपंग हौसले।
वृद्ध रुग्ण जी रहे विषाद बोझ के तले।
कहीं तो नित्य मय की मस्त मस्त चुस्कियाँ चले।
कहीं किसी कथित कुलीन दिल में हीनता पले॥
हैं विपन्न नर सुखी कहाँ कोई दिखाओ।
जिन्दगी जो चार दिन की मौज में उड़ाओ॥

शान्ति का कपोत श्वेत पालता है आसरा।
बुद्ध राम कृष्ण के सँदेश से भरी धरा।
योग और ध्यान की रही जहाँ परम्परा।
है अनूठी धन्य धन्य भारती वसुंधरा॥
मत किसी से व्यर्थ बैर भावना बढ़ाओ।
जिन्दगी जो चार दिन की मौज में उड़ाओ॥

जीव जन्तु भी धरा के ही समृद्ध वासी।
प्रेम भाव को समझ वे त्यागते उदासी।
कामनाएं मात्र शुद्ध भावना की प्यासी।
जी लो आज आज वरना कल को होंगी बासी॥
दीप एक सुख समृद्धि के लिए जलाओ।
जिन्दगी जो चार दिन की मौज में उड़ाओ॥

कुछ दिनों के ही लिये तो है मिली ये जान है।
यदि मनुष्य कुछ विशिष्ठ तो ही बुद्धिमान है।
भावनायेँ व्यक्त कर ले पास में जुबान है।
त्याग दे अकड़ को सारी झूठी आन बान है॥
कोई गीत प्रीति से भरा बना सुनाओ।
जिन्दगी जो चार दिन की मौज में उड़ाओ॥

5. कैसी रची प्रभु माया

कैसी रची यह माया, मेरे प्रभु...
अम्बर नीचे भूतल वासी, ढूँढ रहे मृदु छाया॥

एकहि वन में व्याघ्र हिरण प्रभु, जीवन के हित धाये।
जीवन लेकर जीवन रक्षा, खेल समझ नहि आये॥
अचरज ऐसा जगत भला क्यूँ, सोचे मन भरमाया॥
मेरे प्रभु, कैसी रची यह माया...

नाम आपका भिन्न भिन्न नर, विविध भाँति बतलाते।
मेरा ही बस कथन सत्य है, मार पीट समझाते॥
पापी कहते तर्क करे जो, राग द्वेष सुर भाया॥
मेरे प्रभु, कैसी रची यह माया...

नर को नर समझे ना कोई, अपमानित हो नारी।
सुख की बदल रही परिभाषा, भौतिकता भयकारी॥
दिखता वृद्ध अश्रुजल पीकर, स्वजन बिना घबराया॥
मेरे प्रभु, कैसी रची यह माया...

छुपे हुए चहुँ ओर शिकारी, अपने बन छल जाते।
स्वार्थ सिद्धि को पा पल मौका, झपट पकड़ कर खाते॥
निर्धन धनी अशक्त बली का, भेद कहो क्यूँ आया॥
मेरे प्रभु, कैसी रची यह माया...

अति प्रसार आतंक धरा पर, हर कोइ रण को आतुर।
जीवन का कुछ मोल न दिखता, किधर चले नर व्याकुल॥
आप भी बैठे धाम में अपने, तज कर हमें भुलाया॥
मेरे प्रभु, कैसी रची यह माया...

रंग बिरंगी धरा दीखती, अधर भँवर में उलझी।
विविध भाँति बहु यत्न किये पर, सुलझाये नहि सुलझी॥
बतलाओ तो कौन सा कारज, जिस कारण यह काया॥
मेरे प्रभु, कैसी रची यह माया...

6. भटकाव

किस धर्म के अनुयायी हों?
किस भाव के पर्यायी हों?
अज्ञात लोक के वासी,
कहता ये जगत अविनाशी।
सब लगे स्वप्न सी माया, झर झर झरती नित काया।
है कौतुक जन्म मृत्यु क्या? हूँ कहां भटकने आया??

हैं जीव जन्तु जन जलचर,
खग, कीट पतंग, उभयचर,
बहु भाँति विविध रंग भरकर,
लड़ियाँ जोड़ीं चुन चुनकर।
मन भेद विभेद बनाया, जाने किस पर क्या साया।
है कौतुक जन्म मृत्यु क्या? हूँ कहां भटकने आया??

कोई धनिक यहां कोई निर्धन,
कोई साधू बन भटके वन,
कहीं घृणा कहीं अपनापन,
कोई दुर्जन तो कोई सज्जन।

कोई चलता मोटर गाड़ी,
कोई दर-दर फिरे भिखारी,
कोई सेठ बड़ा व्यापारी,
कहीं फिरती माँ दुखियारी!!

कहीं पुष्प हैं रंग बिरंगे,
कहीं मानव कुटिल दुरंगे,
कहीं साधक फिरते नंगे,
कहीं मंत्र पढ़े कुछ चंगे!!
कहीं कोकिल ने कुछ गाया, कहीं हत पशु पीर रँभाया।
है कौतुक जन्म मृत्यु क्या? हूँ कहां भटकने आया??

7. मदारी

ओ रे मदारी,
है कितनी लाचारी,
ये दुनिया भिखारी,
तू आ...

संकट की मारी,
बस दिखती है प्यारी,
ये जीवन है भारी,
तू आ...
आ भी जा...
ओ रे मदारी।

आँखों में सपने,
है सपनो की दुनिया,
ये सपने संजोते,
गया...
पकड़े है इसको,
फिर पकड़े वो उसको,
भला कौन किसका,
हुआ...
ओ रे मदारी।

दुनिया के मेला,
अनोखा अलबेला,
आये समझ में ना,
खेल...
दिखता ना जेलर,
बस आभासी ट्रेलर,
है निकला हुआ सबका,
तेल...
ओ रे मदारी।

8. ये क्या है बनाया

किसलिए दिल को बोलो बनाकर दुखाया,
अजब हाल तेरा ये क्या है बनाया?

जिसे साथ लेकर थे चलते जहाँ में
जिसे देखकर मुस्कुराते थे हँसते,
खुशियाँ थी जिसकी
मेरे दिल की धड़कन,
उसी को गया है बताओ चुराया।
अजब हाल तेरा ये क्या है बनाया?

मिट्टी के माना खिलौने बनाये,
भरी उसमें क्यूँ फिर कहो भावनायेँ,
यही खेल तुमको
जो प्यारा तो खेलो,
बना मन हमारा हमें क्यों फँसाया।
अजब हाल तेरा ये क्या है बनाया?

कहाँ ले के जाते हो सबके स्वजन को,
नहीं क्यूँ भला मार देते हो मन को,
जनम औ मरण का
ये क्या मामला है?
ये क्या कौतूहल का समन्दर बिछाया?
अजब हाल तेरा ये क्या है बनाया?

यहाँ जीव को जीव ही नित्य खाये,
प्रिय जो वही उसको पावक लगाये,
दुखों की जो गागर
वो भर ही ना पाए,
कहाँ थी जरूरत बनाने को काया?
अजब हाल तेरा ये क्या है बनाया?

दुनिया ये कितनी रुपहली दिखाते,
मगर बाँटते गम कहाँ से हो लाते?
तुम्हारी ही संतति
तरस भी न खाते!
वही फूल रौंदो जिसे था खिलाया।
अजब हाल तेरा ये क्या है बनाया?

9. हे ईश्वर

हे ईश्वर, हे दाता, कुछ समझ ही नहीं आता,
तूने जग ये बनाया मन भरमाता।

बदली हैं जंगल हैं, हैं लटके चाँद सितारे,
जाने तू कहाँ से ये सब लाता?
हे ईश्वर...

रातों में अँधियारा और दिन में चमके चम चम,
धरती का अनोखा बही खाता।
हे ईश्वर......

जीना है मरना है, और मरके फिर जीना भी,
ममता को जगत में सबकी माता।
हे ईश्वर......

लौकिक बस कहने को, वैसे तो अलौकिक दुनिया,
तेरे मन का तो केवल तू ही ज्ञाता।
हे ईश्वर......

हे ईश्वर, हे दाता, कुछ समझ ही नहीं आता,
तूने जग ये बनाया मन भरमाता।

10. मैं क्या माँगूँ भगवान

मैं क्या माँगूँ भगवान?
बनी रहे बस मुखड़े पर हर दिन थोड़ी मुस्कान।
ये जगत है क्या जिसमें हूँ फँसा,
आया हूँ कहाँ से मैं सहसा?
अनजान जगत अनजान धरा,
लगता सब कुछ बिखरा बिखरा।
मैं जड़ क्षण भंगुर दीन हीन क्या विस्मय शून्य समान।
मैं क्या माँगूँ भगवान?

मुझे क्या है पता मैं क्या हूँ बना,
फिरता जग में सहमा सहमा।
मैं मूरख अज्ञानी हूँ प्रभू,
रहता हूँ इसी दुनिया में रमा।
जो कुछ दिखता है पास मेरे सब तेरा ही वरदान।
मैं क्या माँगूँ भगवान?

बहु भाँति विविध रूपों में हो,
क्या सत्य कहो भूपो में हो।
अचरज तज के ऐसे हो हुये,
दिनमान विलग धरणी जैसे।
किस ओर छोर पर रहती है जिसको कहते हम जान।
मैं क्या माँगूँ भगवान?

11. विश्वास

मन में रख विश्वास,
समय कल आएगा कुछ खास।
मिटेंगी जो बाधाएं पास॥

चलता चल अविरल तू सँभल,
पग में बिखरे हैं अनल गरल।
मन शावक सा कोमल,
निर्मल नदिया ज्यों बहती कल कल॥
व्यक्ति समय का दास,
सर्वदा रख दिल में आभास।
मिटेंगी जो बाधाएं पास॥
मन में रख...

कहती ये नैनों की भाषा,
आशा की लेकर प्रत्याशा।
पूर्ण सभी करने अभिलाषा,
चल कर्मठ मन त्याग निराशा॥
हृदय प्रीति आवास,
त्याग संताप बना मधुमास।
मिटेंगी जो बाधाएं पास॥
मन में रख...

द्वारे द्वारे तेरे मेरे,
छाये कितने कष्ट घनेरे।
बदली दुख की मारे फेरे,
रहती घेरे शाम सवेरे॥
सब कुछ ईश्वर रास
कर्म का छोड़ना मत प्रयास
मिटेंगी जो बाधाएं पास
मन में रख...
मन में रख विश्वास,
समय कल आएगा कुछ खास।
मिटेंगी जो बाधाएं पास॥

12. भाग्य

श्वास है जब तक संग, प्रभू गुण गाता चल,
दीन हीन जो मिले, हृदय से लगाता चल।

आज साथ है समय भरोषा कल का क्या?
प्रेम सुधा जो पास सभी को पिलाता चल।

सोच जरा तू पल को तेरा क्या आखिर!
मुफ्त का माल समझकर दान लुटाता चल।

कर्म वही जो आये काम किसी के तो,
कंटक राह पड़े जो उन्हें उठाता चल।

पथिक अनेक दिखें भ्रम पलते धरती पर,
सत्य खोजकर सबको देख दिखाता चल।

बीत गया जो कल उसकी कैसी चिंता,
ईश्वर ध्यान लगाकर शेष भुलाता चल।

मोक्ष की चिन्ता करना क्या तन माया है,
भजन प्रभू के गाता और सुनाता चल॥

13. मोहन हुआ उद्दंड

मैया मोहन हुआ उद्दंड,
इसे दो दंड, कुछ पाठ पढ़ाओ।
जरा समझाओ॥

कभी कुछ तोड़े,
कभी कुछ फोड़े,
पकड़ ना आये,
दौड़ छुप जाए...
नज़र बड़ी तीखी,
पड़े दधि मीठी,
कहाँ को छुपाएँ?
कुछ कर ना पाएँ!
मैया मोहन......

नहीं कष्ट जो खाये,
मगर ये गिराये,
मटकियां पलटे,
सभी कुछ उलटे,
भरें हम पानी,
करे ये नादानी।
कंकड़ी मारे,
बहे जल सारे।
मैया मोहन...

जसोदा मैया,
ये दुष्ट कन्हैया,
हुआ बड़ा नटखट,
बदल जाये झटपट,
बिगाड़े रंगोली,
सुरत कर भोली,
कष्ट जो भारी,
हरो महतारी।
मैया मोहन......

मैया मोहन हुआ उद्दंड
इसे दो दंड, कुछ पाठ पढ़ाओ।
जरा समझाओ॥

14. हमें क्यों फँसाया

बनाई है तुमने खिलौने सी दुनिया,
मगर भाव देकर गया क्या जताया?
दिया दर्द दिल में हमें क्यों सताया।
तुम्हारी थी तुमने जगत ये बसाया,
है अपने जतन से तुम्ही ने चलाया।
हमें क्यूँ फँसाया, हमें क्यूँ फँसाया...
हमें क्यूँ रुलाया, कहो क्यूँ रुलाया...

ये साँसे तुम्हारी हवाएँ तुम्हारी,
इस धरती गगन की कलाएँ तुम्हारी,
हमारा तो कुल मान है शून्य माना।
मिट्टी के हम कण यहीं हमने जाना।
नहीं ठौर अपना गया है बताया,
रहा जिस्म दिखता उसे भी जलाया।
हमें क्यूँ फँसाया...

हो तुम कौन कह दो कभी आ बताओ,
जगत माजरा क्या हमें भी सुनाओ,
दिलों की दिलों से ये कैसी कहानी,
सभी को सदा ही जो पड़ती निभानी।
गये चार दिन में ही सबने भुलाया,
तुमने भी किरदार तो कुछ निभाया।
हमें क्यूँ फँसाया...

15. अकेला

दुनिया की गहमा गहमी में अकेला ही खड़ा हूँ।
जग व्यस्त है अपने काज,
ले अपने रीति रिवाज,
मैं थामे अपने राज, अकेला ही अड़ा हूँ।
दुनिया की...

चलते चलते रुक जाना, है मुझको नहीं सुहाता।
रस्ते की ओ बाधाओं, तुमसे क्या मेरा नाता॥
जिसकी जैसी तासीर,
उसके वैसे ही तीर,
मैं तो अल्हड़ फकीर, इन सबसे ही बड़ा हूँ।
दुनिया की...

मंजिल पाने को कदम ये, खुद ही हैं बढ़ते जाते।
कुछ सुनते ही नहीं हैं, सब रह जाते समझाते॥
दुनिया है एक सराय,
देते जो सभी ये राय,
उनका इतना अभिप्राय, मन कह दे कि कड़ा हूँ।
दुनिया की...

मन के अनजाने भय तू, रख ले थोड़ा सा धीरज।
जब हो अनुकूल समय तो, पूरण हों सारे कारज॥
क्या होता हुये अधीर,
मन की भारी जंजीर,
देती जाती जो पीर, हमेशा ही लड़ा हूँ।
दुनिया की...

16. जीवन क्या?

जीवन क्या, गिन गिन दिन बीते,
हाथ हमारे रह गए रीते,
जीवन क्या...

साधक की अनवरत साधना,
मन मिट्टी की कितनी कामना?
भावों की अद्भुत ही भावना,
तन का क्या, क्षण क्षण जर दीखे।
हाथ हमारे रह गए रीते, जीवन क्या...

अपना मन अपनी ही दिशा में,
नित्य नष्ट होती दिन शामैं,
काल की चलती उँगली थामैं,
चलता सदा, यौवन रस पीते।
हाथ हमारे रह गए रीते, जीवन क्या...

साधू साधक नृप नर नारी,
धनिक वणिक या रंक भिखारी,
खग चौपाये तक बलिहारी,
सब अपने, रहते गम पीते।
हाथ हमारे रह गए रीते, जीवन क्या...

17. कई बार दिल टूटे

कई बार दिल टूटे, अपने हमसे रूठे।
कितनी बार पकड़ के, खुद के कान उमेठे॥
कई बार दिल.........

झूठा है जग सारा, मिलता कौन सहारा?
ठगा उसी ने हमको, लगता था जो प्यारा।
हम ही थे नाकाबिल समझ बूझ खो बैठे॥
कई बार दिल.........

दिल मासूम परिंदा, चाहे रहना जिंदा,
खुशफहमी मे आकर, हुआ सदा शर्मिंदा।
दिखते अब वो हमको, खुद मे अकड़े ऐंठे॥
कई बार दिल.........

माना मन ललचाया, थोड़ा सा भरमाया,
बिना विचारे पल भर, था उनको अपनाया।
मोहक से सब वादे, आकर निकले झूठे॥
कई बार दिल.........

कई बार दिल टूटे, अपने हमसे रूठे।
कितनी बार पकड़ के, खुद के कान उमेठे॥
कई बार दिल.........

18. तू भी नहीं सगी

सुन री ए जिंदगी
कैसी है त्रासदी
हम्म जान ली,
मान ली,
पहचान ली...
तू भी नहीं सगी।
सुन री ए जिंदगी...

कैसी धरा पे, चली हैं हवाएँ,
आग लगी बुझने नहीं पाएँ।
सपनो की बारिश अब झूठी,
साँसों की कड़ियां जो टूटी,
दोबारा क्या जुड़ी?
हम्म हो रही...
हर कहीं...
बस बंदगी।
सुन री ए जिंदगी...

तन माने न कोई मर्यादा,
धड़कन दिल की चले कम ज्यादा।
आशाओं की गगरी फूटी,
समय शिला हाथों से छूटी,
आवारा ये घड़ी!

हम्म दिल कहे...
देख ले...
विधि की ठगी।
सुन री ए जिंदगी...

सबकी ही आनी अब बारी,
कैसी करें कह दो तैयारी?
साहस ने सँग कब का छोड़ा,
मानस ने भी मुखड़ा मोड़ा,
नाकामी की लड़ी।
हम्म वक्त ये...
देखिये...
थमने लगी।
सुन री ए जिंदगी...

सुन री ए जिंदगी
कैसी है त्रासदी
हम्म जान ली,
मान ली,
पहचान ली...
तू भी नहीं सगी।
सुन री ए जिंदगी...

19. बदरा

करने ठिठोली आते,
जम के हमे ये सताते,
बदरा भये हैं धोखेबाज!
नहीं हैं मिलते,
इनके जरा भी नखरे नाज़!!

गायब भूतल से हरियाली,
धरती लगती खाली खाली,
चलती बयरिया रूखी,
नदिया तलैया सूखी,
रुक अब गए हैं सारे काज।
रे भइया बदरा......

खेल खिलाते, बस भरमाते,
कारे बादर, आ उड़ जाते,
बन के बड़े अधिकारी,
लगता हुए सरकारी,
बदले हुए हैं दिल मिज़ाज।
रे भइया बदरा......

विविध भाँति, हम नित्य मनाएँ,
करके वंदन, दुख समझाएँ,
मन इनका समझ न आता,
दिखकर गायब हो जाता,
आजा कभी तो रे तू बाज।
रे भइया बदरा......

झुलसे तन झुलसे वन उपवन,
नीर बिना प्यासे खग पशुजन,
धरती फटे बिन पानी,
सुरपति कैसी मनमानी,
बरसाओ अमृत सुख के आज।
रे भइया बदरा......

20. चल धीरे धीरे

चपल काल चल धीरे धीरे, क्यों तू भेद बतावै रे।
धवल केश छुपते न छुपाये, दर्पण नहीं सुहावै रे।

समझे नहीं हृदय तन भाषा,
सीमित नहीं रहे अभिलाषा।
विपिन प्रसून सुगंध सुहावै,
प्रीति पराग हेतु मन धावै।
लगे जगत की दृष्टि बदलती, देखि देखि मुस्कावै रे।
चपल काल चल धीरे धीरे, क्यों तू भेद बतावै रे॥

दृष्टि धुँधलिका है गहराई,
झाईं चेहरे पर चलि आई।
अस्थि पड़े असहाय अभागे,
उदर विकार भोज्य सुख त्यागे।
पीड़ा पुनि पुनि विविध रूप धरि, यम सम आय डरावै रे।
चपल काल चल धीरे-धीरे, क्यों तू भेद बतावै रे।

भांति भांति बहु रोग पधारे,
मोड़ चले मुख रिश्ते सारे।
जर्जर नित्य होत कृश काया,
कांति मंद निशदिन ही पाया।
इठलाकर चलती तरुणाई, नश्तर सी चुभ जावै रे।
चपल काल चल धीरे धीरे, क्यों तू भेद बतावै रे।

वैद्य बात अपनी मनवाते,
जो भाता उसे शत्रु बताते।
सीख सभी देते संयम की,
आहट दिखलाते सब यम की।
धीरज धरि अब मन मन ही मन, खुद को ही समुझावै रे।
चपल काल चल धीरे धीरे, क्यों तू भेद बतावै रे॥

चपल काल चल धीरे धीरे, क्यों तू भेद बतावै रे।
धवल केश छुपते न छुपाये, दर्पण नहीं सुहावै रे॥

21. ऋतुराज

ऋतुराज चले आते हैं,
संग मधुर लाते हैं,
रास रंग खूब सजा।
मस्तियों की धूम चली,
मन मयूरी झूम चली,
लेने भरपूर मजा॥

करते हैं कलरव, पंछी गगन के,
सुंदरता ऐसी जी, रह रह के धड़के,
कहता है मन मेरा, नाचे ये जम के,
सुन रे समय अब, चल थोड़ा थम के।
कलियाँ भी खिलने लगी,
अलियों से मिलने लगी,
अपने नए रूप दिखा।
मस्तियों की धूम चली,
मन मयूरी झूम चली,
लेने भरपूर मजा॥

पल्लव नए आये देखो जी वन के,
झर झर करे झरना, कुछ बात मन के,
परिधान रंगीन, को ज्यों पहन के,
धरती है इठलाती, रानी सी बन के।
कलियाँ लें अंगड़ाई,
अमराई बौराई,
कोयल के गीत बजा।
मस्तियों की धूम चली,
मन मयूरी झूम चली,
लेने भरपूर मजा॥

मस्ती को डाले, बगिया में झूले,
नर नारी हर्षाये, सुध बुध को भूले,
खुशबू से फूलों की मदहोशी छाई,
मन ये कहे चल के, अम्बर को छू ले।
आई ऋतु मतवाली,
छाई है खुशहाली,
जैसे सुरलोक सजा।
मस्तियों की धूम चली,
मन मयूरी झूम चली,
लेने भरपूर मजा॥

22. गुमसुम गुमसुम

क्यों बैठा है गुमसुम गुमसुम दिल मेरे कुछ बोल ना,
दुनिया की मजलिस में शामिल होकर खुशियाँ घोल ना॥

माना की जहाँ में छाई आज उदासी,
सबकी थैली में गम, भरी है अच्छी खासी।
अरे कुछ पल को ही तो, तू ठहरा यहाँ निवासी,
तो थोड़ा थोड़ा मन ही मन में खुद मस्ती में डोलना।
दुनिया की मजलिस में शामिल होकर खुशियाँ घोल ना॥

हमको बढ़ना होगा क्षमताओं पर,
सदा नियंत्रण रखना, नीति धर्म भावों पर।
सुन विनय शील का मरहम, लगा चलो घावों पर,
प्यार की राहों पर चलता चल मन की गाँठे खोल ना।
दुनिया की मजलिस में शामिल होकर खुशियाँ घोल ना॥

बंधन बोल भला ओढ़ा क्यों मन भर,
होती जाती काया, नित्य ही बेबस जर्जर।
तो ले समेट सुख सारे मिल जाये जिस दर पर,
प्रेम कहीं व्यापार क्या होता तोला माशा तोलना।
दुनिया की मजलिस में शामिल होकर खुशियाँ घोल ना॥

क्यों बैठा है गुमसुम गुमसुम........

23. आवारा

जो सूरत दिखे वो हि लगता है प्यारा,
ऐ दिल आ चल हो जाएं आवारा॥

मचल जाता दिल देख कर रूपसी को,
कहे जा के दो बात कह तो किसी को।
करूँ क्या किसी को न सुनना गँवारा॥
ऐ दिल आ चल हो जाएं आवारा॥
जो सूरत...

बड़ी दिलनशीं इनकी बदमाशियाँ हैं,
लुभाने को तरकश में चालाकियाँ हैं।
लूटें ये जलवों से सुख चैन सारा॥
ऐ दिल आ चल हो जाएं आवारा॥
जो सूरत...

न दो दोष लालच हमें जो सताये,
दो नैनों के नखरे सभी कुछ भुलाये।
कहूँ क्या अजब हाल दिल का हमारा॥
ऐ दिल आ चल हो जाएं आवारा॥
जो सूरत...

जो सूरत दिखे वो हि लगता है प्यारा,
ये दिल आ चल हो जाएं आवारा॥

24. बेईमान दिल

तेरी आँखों को देखकर, दिल जाने क्यूँ मेरा,
बईमान बेईमान हो जाये।
तूने बदमाशिया की वो, ख्वाबों मे आके कि,
दरिया भी तूफान हो जाये॥

मुसकाई जो तू, जरा लाज से,
दिल ठहर ही गया, तेरे अंदाज पे।
फिर थिरकने लगा जैसे मदहोश हो...
तेरी धड़कनों के हँसी साज पे।
तूने थोड़ा मचल के ली, अंगड़ाइयाँ यूँ दिल,
परेशां परेशान हो जाये।
तेरी आँखों को देखकर......

अलसाई सी हैं तेरी मस्तियाँ,
जैसे बागों मे उड़ती फिरें तितलियाँ।
जब लुभाती सभी को ही छलते हुये...
तो खुल जाती दिल की नरम खिड़कियाँ।
तू जो इक पल पलट के, निहारे हमें तो दिल,
नादां ये हैरान हो जाये।
तेरी आँखों को देखकर......

तुम्हें देखकर मन ये बेचैन सा,
अब कहाँ होश हमको है दिन रैन का,
ऐसी रंगत चढ़ी खास दिल पर मेरे,
कहे हर घड़ी तू जहाँ भी हो आ।
मेरे ख्वाबों ख्यालों ने, मुझसे कहा तुम बिन,
आलम ये वीरान हो जाये।
तेरी आँखों को देखकर......

तेरी आँखों को देखकर, दिल जाने क्यूँ मेरा,
बईमान बेईमान हो जाये।
तूने बदमाशिया की वो, ख्वाबों मे आके कि,
दरिया भी तूफान हो जाये॥

25. मौसम है सुहाना

मौसम है सुहाना गोरी पल को पास आ ना,
बिगड़ा है जमाना लेकिन मुँह तो युँ छुपा ना...
मौसम है सुहाना......

झम झम झम झम बदरा बरसे,
छम छम बजे पयलिया।
टर् टर् टर् टर् दादुर बोले,
सन सन चले बयरिया।
बाहर जा के भीगना काहे, छाता तो ले जा ना...
मौसम है सुहाना......

टिप टिप टिप टिप करती बूँदें,
लाई कुछ नजराना।
धक धक धक धक धड़कन दिल की,
गाये प्रेम तराना।
समय बचा है थोड़ा सा क्यूँ, रूठना मनाना...
मौसम है सुहाना......

पल पल पल पल बीत रहे हैं,
यौवन के दिन सारे।
गिन गिन गिन कर साँसे चलती,
तेरी आस सहारे।
दिल का पंछी भूखा प्यासा, माँगे अक्सर दाना...
मौसम है सुहाना...

देख मोरनी मोर नाचता,
बना पंख के घेरे।
कूक कूक कोयल भी कहती,
कहाँ हो प्रियतम मेरे।
तू भी रंग जा प्रेम के रंग में, सुन ले मेरा गाना...
मौसम है सुहाना...

मौसम है सुहाना गोरी पल को पास आ ना,
बिगड़ा है जमाना लेकिन मुँह तो युँ छुपा ना...
मौसम है सुहाना......

26. ओ री हंसिनी

ओ री हंसिनी, ओ री हंसिनी...
आ कर लें पहचान,
बातें कर लें थोड़ी थोड़ी दिल का कहना मान॥

लगती प्यारी दिल की बातें,
जो सुखमय हों काल।
कट जाती हैं दुख की घड़ियाँ,
मित्र ही बनते ढाल।
तेरी मेरी एक दशा है, क्यूँ बनना अनजान।
बातें कर ले...

धरती पर हम सभी पंथिक हैं,
मिलते कुछ संयोग।
सभी ढूँढते संगी साथी,
बाँटे जो दुख रोग।
प्रेम के राही हम दोनों ही, कर ले इसका भान।
बातें कर ले...

हम तुम मिलकर चलो बनाएँ,
एक नया संसार।
पीड़ाओं की बदली न हो,
जहाँ बसे बस प्यार।
धरती की है अतुल सम्पदा, सुख लेंगे हम छान।
बातें कर ले...

मन में भावों का है समंदर,
लाया सुख सौगात।
साँसों में रचती बसती तुम,
धड़कन सी दिन रात।
तुमसे ही लगता ज्यों चलती अब तो मेरी जान।
बातें कर ले...

ओ री हंसिनी, ओ री हंसिनी,
आ कर लें पहचान,
बातें कर लें थोड़ी थोड़ी दिल का कहना मान॥

27. पहचान तो ले

कब से खामोश खड़ा राह में, पहचान तो ले।
इश्क करना न करना तेरी रज़ा जान तो ले॥

हँसी रुखसार के मंज़र में उलझता ही गया,
गहरी दरिया सी निगाहों में उतरता ही गया,
कहने को राह कई किन्तु कदम मान तो ले...
कब से खामोश खड़ा...

वक्त भी दो घड़ी को कह दो ठहरता है कहीं,
ताकयामत सुनो ये दिल तो मगर होगा यहीं,
दिखती दुनिया ये हँसी जाने जिगर ध्यान तो ले...
कब से खामोश खड़ा...

इश्क़ की बहती हवाओं से खास है दुनिया,
हर कोई ढूँढता हर वक्त इसी में खुशियाँ,
खुशबू बिखरी जो फिजाँ ढूँढ उसे छान तो ले...
कब से खामोश खड़ा...

कब से खामोश खड़ा राह में, पहचान तो ले।
इश्क करना न करना तेरी रज़ा जान तो ले॥

28. प्यासा दिल

छवि दिखती तेरी बस शाम सवेरे,
दिल मेरा प्यासा ही रहा बिन तेरे।

चंदन सी खुशबू जग की लगे फीकी,
सरस सुहानी गति समीर लगे रूखी,
जैसे सूरज को ढक ले बदली रे-
दिल मेरा प्यासा ही रहा बिन तेरे॥

नयन अकारज अब भी आस लगाये,
पंछी लगता तेरे ही गीत सुनाएं,
जग लगता बिन बात ही पीछे मेरे-
दिल मेरा प्यासा ही रहा बिन तेरे॥

सुन री आ सुन बात करें दो फिर से,
लौट चलें किसी भाँति पुरानी डगर पे,
जीवन वन निर्जन उसपर भी पहरे-
दिल मेरा प्यासा ही रहा बिन तेरे॥

जीने को क्या चहिए एक बहाना,
कुछ दिन की ये दुनिया प्रीति निभाना,
मिट जाएंगे छाए कष्ट घनेरे -
दिल मेरा प्यासा ही रहा बिन तेरे॥

दिल मेरा प्यासा ही रहा बिन तेरे॥
छवि दिखती बस......

29. हौले हौले

हौले हौले, धीरे धीरे...
तू आ जा री बस जा इस दिल में,
बना ले अपना घर, इसी साहिल पे...

चलते चलते थक जाएगी रुक ना...
दो बातें तो दिल की पल भर सुनना।
तू जो है तो रौनक, है महफ़िल में...
बना ले अपना...

जीवन जाने कब हो जाये पूरी,
रह जाए न दिल की चाह अधूरी।
कहती दिल की धड़कन चल मंज़िल पे...
बना ले अपना...

तेरा मेरा रिश्ता बड़ा पुराना,
अचरज तूने अब तक न पहचाना।
पूछें चल के सच को किसी आदिल से,
बना ले अपना...

हौले हौले, धीरे धीरे
तू आ जा री बस जा इस दिल में,
बना ले अपना घर इसी साहिल पे...

30. कभी पल दो पल

दिल ये काफी धड़कने लगा आजकल।
जान आके तो मिल तू कभी पल दो पल॥

कोई अंकुश नहीं है ये दिल की लगी,
आग ऐसी जली भावनाएं जगी।
जैसे परियों कि कोई कथा रुपहली,
खूबसूरत हसीनों की न्यारी ठगी।
अब भी आ जो दिखो दिल ये जाये सँभल।
जान आके......

हल्की आहट भी देती है दिल पर दबिश।
ख्याल भी आ बढ़ा देते तन की तपिश।
दूरियों से भला शांत हो कैसे मन,
याद आती सताती बढ़ाती खलिश॥
दिल का वैभव बड़ा किन्तु सूना महल।
जान आके......

मन ये बेचैन अब थक गया जान लो।
पूर्ण हो साधना मात्र यदि ठान लो।
कामनाओं पे बंदिश का झूठा चलन।
हंस बन के जो अमृत उसे छान लो।
प्रीति में मीत बोलो भला कैसा छल।
जान आके......

31. मदहोशी

आज तुम्हारी मदहोशी में, हम भी थोड़ा झूम लिये।
भरकर तुमको अंक में अपने, सुख सपनों में घूम लिये॥

कहाँ कहीं हमको है जाना,
दिल को पता पता सब तेरा।
वहाँ जहाँ हम तुम मिलते हैं,
पलकों के भीतर वह डेरा।
अधरों ने तुमको अपनाकर, अपने ही लब चूम लिये।
आज तुम्हारी...

बातें जब करती हो मुझसे,
कहाँ सुनाई कुछ देता है?
मुखड़े के आभा मंडल में,
नहीं सुझाई कुछ देता है!
नयनों ने छवि मोहक पाकर झट अपने पट मूँद लिये।
आज तुम्हारी...

चाँद के जैसे ही लगती तुम,
मन को देती शीतलता।
जैसे शशि मेरा तुम मेरी,
मोहे मन को चंचलता।
मन में बजते हैं नक्कारे हर पल तेरी धूम लिये।
आज तुम्हारी...

32. सुन जरा

सुन जरा...
पास आ...
बात थोड़ी तो सुन...
इश्क के उलझे धागे जो सुलझा के बुन॥
सुन जरा...

माना खामोशियों की जुबाँ खास है,
दिल को सरगोशियों का भी आभास है,
जाने जाना क्यों जाना जी माना करो,
बिन कहे जो बहे वो ही एहसास है।
प्रेम में मीत बजती सदा प्रीति धुन,
इश्क के उलझे...

तुम जो हो पास में शेष क्या कामना,
क्या जहाँ में बसा हमको क्यों जानना,
चाँद सूरज रहे ना रहे अर्श पर,
तेरा संग जो मिला फिर क्यों कुछ मांगना।
मोतियाँ बिखरी जग की जरा ढूँढ चुन,
इश्क के बिखरे...

बात मैंने मुनासिब कही जानिये,
दिल में जो दिल छुपा उसको पहचानिये,
व्यर्थ में कामनाओं से क्यों करना छल,
आपका मेरा मन एक है मानिए।
मुस्कुराओ अगर होगा प्यारा शगुन,
इश्क़ के बिखरे...

33. मनबसिया

मैं हूँ इक प्यासा भँवरा, रस का हूँ रसिया।
जहाँ भी दिखे सुंदरता वहीं मनबसिया॥

मेरे मन में भेद नहीं है,
जाति धर्म का क्या करना।
मैं स्वच्छंद चलूँ बस उड़ता,
भाषा क्षेत्र में क्या पड़ना॥
मैं तो हूँ खुद का मालिक, खुद का ही मुखिया...
मैं हूँ इक प्यासा...

ऊंच नीच को मैं क्या जानूं,
मैं तो रस का हूँ लोभी।
रुक जाऊं सुंदरता पाकर,
गोरा काला हो जो भी॥
दिख तो जाती हर मंजिल, आँखें ये खुफिया...
मैं हूँ इक प्यासा...

नीति धर्म का अर्थ न जानूं,
कर्तव्यों पर डटा रहूँ।
पूजा पाठ कर्म को माना,
सदा उसी पर टिका रहूँ॥
ढूँढूँ मैं दिल की धड़कन, घूम घूम बगिया...
मैं हूँ इक प्यासा...

34. ओ सजनी

ना ना मत कर प्यार तू कर ले,
इक पल को इकरार तो कर ले,
बाहों में आ मुझको भर ले,
ओ सजनी......
दूर दूर क्यों समय बिताना,
रूठे दिल को क्यों भरमाना,
छोड़ आवरण पड़ा पुराना,
ओ सजनी......

चल गीत गाये हम दोनों मिल के,
सुर में खो जाए हम दोनों दिल के,
दिल का दिल से यूँ मिल जाना,
इक दूजे को सदा लुभाना,
प्रीति रीति है क्या घबराना,
ओ सजनी......

जीवन यह प्यारा इक सुंदर झरना,
बहता सुख रहता है हमको भरना,
प्रेम ही जीवन सफल बनाता,
प्रेम सुधा से दिल खिल जाता,
वरना कह क्या रिश्ता नाता,
ओ सजनी......

रुक एक पल को सुन दिल है कहना,
जीवन है ये दरिया, हम सबको बहना,
मन को अपने मत तड़पा ना,
अपना चक्कर बड़ा पुराना,
जनम जनम का साथ निभाना,
ओ सजनी......

ना ना मत कर प्यार तू कर ले,
इक पल को इकरार तो कर ले,
बाहों में आ मुझको भर ले,
ओ सजनी......

35. दिन सँवर गया

दिख गई वो आज मेरा दिन सँवर गया।
गम गले पड़ा था मेरे अपने घर गया॥

युँ तो राहे इश्क़ में हजार बंदिशें,
मानती कहाँ है किंतु दिल की ख्वाहिशें।
कितना भी करें इन्हें खामोश पर कहाँ?
नित नई तड़प जगाती मन की हसरतें॥
झोली में फकीर कुछ मिला तो तर गया।
गम गले पड़ा था मेरे अपने घर गया॥

भक्त को तो चाहिये क्या भक्ति के सिवा?
खुशियाँ चंद मिलती देख मन वहीं रमा।
कामनाओं का ना तोड़ो हौसला हुज़ूर,
प्यार के दो शब्द बोलो देगा दिल दुआ॥
प्रेम से तो रिक्त कोष सिंधु भर गया।
गम गले पड़ा था मेरे अपने घर गया॥

धड़कनों से पूछ लो आ उसकी भी व्यथा।
देह की तरंग कहती रहती ये कथा।
प्रेम में है इस कदर तल्लीन तन सुनो।
हर शिरा का चैन सिर्फ एक ही पता॥
आपके सिवाय धरा पर है क्या धरा?
गम गले पड़ा था मेरे अपने घर गया॥

36. मुखड़ा

तेरा प्यारा सा मुखड़ा, वही है दिल का सहारा।
आँखों में कैद कर लूँ, जाने कब हो मिलना यारा॥

रहता था सब्र इस दिल को जवां,
रखता था सदा दीवाना,
चल दी हो छोड़ दिल तोड़ प्रिय,
करके आलम वीराना।
टूटा खिलौना जैसे, वो था जो सबसे प्यारा।
तेरा प्यारा सा मुखड़ा, वही था दिल का सहारा।

पाएंगे चैन कैसे ये नैन,
फिरते थे सदा बौराये।
हर सुबह जगे इक आस लिए,
बस एक झलक मिल जाये।
गालों को भिगोयेगा अब पानी गम का खारा।
तेरा प्यारा सा मुखड़ा, वही था दिल का सहारा।

सदियों से लगे थी पास मेरे,
दुनिया ज्यों बसी थी तुमसे।
मुँह मोड़ चली इतनी जल्दी,
क्या हुई खता कहो हमसे।
कैसे बुलाएँगे हम, वो वक्त सबसे न्यारा।
तेरा प्यारा सा मुखड़ा, वही था दिल का सहारा॥

37. सुंदर से मुखड़े

सुन सुन्दर से मुखड़े, आकर मिल सपनों में।
रख लूँ मैं छुपा तुमको, अँखियों के बिछौनों में॥

है रूप मधुर, लेकिन जैसे,
बदली में छुपा, हो चाँद कोई।
ऐसे हो रहती छुप छुप के,
जैसे कि खुशी नाराज़ हुई।
हो रूठ के चल दी पर, दिल के हर कोनों में।
रख लूँ मैं छुपा...

हो दूर मगर, है इतना असर,
हर पल ही लगती पास मुझे।
कैसे कोई दिल को समझाये,
ये मूरख मनवा नहीं समझे।
जग छोड़ छवी तेरी, बसती बस नैनों में।
रख लूँ मैं छुपा...

मन आस भरे, विश्वास लिए,
कहता है कभी चल जाओगी।
दिल की दिल से जो लगी लगन,
तुम भूली नहीं निभाओगी।
शामिल मत कर लो तुम, दिल को भी खिलौनों में।
रख लूँ मैं छुपा...

महकी महकी लगती है डगर,
मुस्कान भरी सूरत जो दिखे।
चहकी चहकी रहती है नज़र,
खुशबू जो तेरी मुझसे आ मिले।
अनजान से इस जग में, तुम ही बस अपनों में।
रख लूँ मैं छुपा...

सुन सुन्दर से मुखड़े, आकर मिल सपनों में।
रख लूँ मैं छुपा तुमको,अँखियों के बिछौनों में॥

38. मरुथल

अधरों पर प्रिय नाम तुम्हारा,
तुम बिन दिल मरुथल हो।
तुम हो तो वसुधा पर जीवन,
सुन्दर और सरल हो॥

खुशियाँ यदि जग भर में कोई, तुम संग हो तब पूरी हों...
तुम बिन जैसे श्वास बिना तन, मिलने की बेचैनी हो।
नयनों में रहती छवि छिपकर,
आहट पर हर पल हो।
अधरों पर प्रिय नाम तुम्हारा,
तुम बिन दिल मरुथल हो॥

कदम हमारे मिल जब चलते, राह सुगम हो जाती है...
कैसी भी आये कठिनाई, छूने से कतराती है।
तुमसे ही लगता जग न्यारा,
ज्यों रवि से भूतल हो।
अधरों पर प्रिय नाम तुम्हारा,
तुम बिन दिल मरुथल हो॥

उरस्थल के कुसुम सरोवर, देख तुम्हें खिल जाते हैं...
अम्बर में विचरें जो नभचर, गीत तुम्हारे गाते हैं।
कहते यही सभी हैं सबसे,
तुम मेरा सम्बल हो।
अधरों पर प्रिय नाम तुम्हारा,
तुम बिन दिल मरुथल हो॥

जब से आन बसी हो हृदय में, अधर स्वतः मुसकाते हैं...
जैसे रवि की आहट पाकर, नव प्रसून खिल जाते हैं॥
मैं छोटा सा अंबु बिन्दु तुम,
अमृतमय बादल हो।
अधरों पर प्रिय नाम तुम्हारा,
तुम बिन दिल मरुथल हो॥

39. बस्ती है

तेरी यादों की दिल मे बस्ती है,
जिंदगी बस वहीं पर बसती है।
तुम्हारे ही मैं रहता हूँ, नशे मे झूमता अक्सर,
शराबी हैं सभी कहते, मगर ये इश्क़ का चक्कर।
तेरी खुशबू की मुझमे मस्ती है...
तेरी यादों की दिल मे बस्ती है।

बड़ा नटखट मचलता है, हमारे दिल का हर कोना,
तुम्हारी याद में भूला, किसी का पास में होना।
तेरी दरिया में मेरी कश्ती है...
तेरी यादों की दिल मे बस्ती है।

अकड़ में मत रहो डूबे, नहीं ऐसे भुलाओ तुम,
हमारी याद जब आए, निकट अपने बुलाओ तुम।
तेरी गलियों में मेरी गश्ती है...
तेरी यादों की दिल मे बस्ती है।

जमाने भर की क्या हमको, किसी को क्या दिखाना है,
हैं बातें जो हमारी सब, कहाँ उसमें जमाना है।
किसी की कैसी सरपरस्ती है...
तेरी यादों की दिल मे बस्ती है।

40. रास

रास की फुहार रस भरी बयार ने किया शृंगार है।
मीत है निकट उमंग अंग अंग में तरंग प्यार है॥

भर रही हैं झोलियाँ,
सुन सुरीली बोलियाँ,
गीत गाएं ज्यों मधुर,
कोकिलों की टोलियाँ।
चक्षु बंद मंद मंद कर रहा नशा कोई प्रहार है।
रास की फुहार...

नैन नैन मिल रहे,
पुष्प दिल में खिल रहे,
ज्वर कोई हुआ प्रखर
बस धड़कते दिल रहे।
श्वास श्वास में उल्लास लेके जैसे चल रही बयार है।
रास की फुहार......

हो रहा मधुर मिलन,
दग्ध कर रही छुअन,
प्रेम रस में डूबकर,
मोदमय हुआ बदन।
रोम रोम भीगता है जा रहा ये प्यार की बहार है।
रास की फुहार......

41. क्या कहूँ

क्या सुनूँ?
क्या कहूँ?
तेरे प्यार में पागल दीपक सा मैं जलूँ!!

क्या तुम्हें एक पल याद आती नहीं?
बात बीती हुई कुछ बताती नहीं?
कैसे बोझिल नयन है थकाती नहीं?
दूरियां क्या कहो आ रुलाती नहीं?
काल में, मैं बहूँ,
तेरे बिन कैसे दिल को मिलेगा सुकूँ?
क्या कहूँ......

प्यार की रागिनी आ सताती रही,
गीत तेरे हमें वो सुनाती रही,
हम भी जिन्दा हमें ये जताती रही,
आसरा खोखला दे लुभाती रही।
चाहना, देख लूँ,
तू मिले जो कहीं तो वहीं पास आ के रहूँ,
क्या कहूँ...

भावनाएं छुपी जो दिखाती कहाँ!
दिल का कहना भला हो निभाती कहाँ?
कामनाएँ मधुर गीत गाती कहाँ!
तुम नहीं हो तो ढांढस बँधाती कहाँ?
मूक सा, सब सहूँ,
तेरी यादों का है सहारा तो मैं जिऊँ।
क्या कहूँ......

जग ये नीरस हुआ है तुम्हारे बिना,
चल सकेंगे नहीं इक सहारे बिना,
है नदी क्या कोई दो किनारे बिना?
क्या सुखी हो कहो तुम हमारे बिना?
किस डगर, को चलूँ?
तू रहेगी जिधर बस उधर संग तेरे बहूँ।
क्या कहूँ......

क्या कहूँ, क्या सुनूँ
तेरे प्यार में पागल दीपक सा मैं जलूँ॥

42. रे मनवा

रे मनवा क्यों पागल बिन बात,
गए जब छोड़ पिया तज साथ।

दुनिया ऐसी, जहाँ मिली है, सबको ही तन्हाई।
जगमग करती, जग ये किसकी, कहाँ भला हो पाई।
है अपने, कुछ भी नहीं जब हाथ,
बनाये उसके चले दिन रात।
रे मनवा, क्यों पागल बिन बात,
गए जब छोड़ पिया तज साथ॥

चलती रहती, दुनिया ये तो, लोग हैं आते जाते।
कुछ दिन के इस, छद्म मिलन के, सीमित रिश्ते नाते।
क्यूँ माया, में मन का विश्राम,
खुशी गम दो पल की बरसात।
रे मनवा क्यों पागल बिन बात,
गए जब छोड़ पिया तज साथ॥

मन की मनका, मन मन फेरो, मन का मान सुहाना।
कहाँ से आना, कौन ठिकाना, जग भर ये अनजाना।
चलो फिर, मन की सुन लें बात,
है अपना दुख सुख अपने हाथ।
रे मनवा क्यों पागल बिन बात,
गए जब छोड़ पिया तज साथ॥

43. बोल क्यूँ

बीतता जीवन, सोच रहा मन,
क्या खोया क्या पाया रे मनवा,
बोल क्यूँ जग में तू आया रे मनवा...
बोल क्यूँ जग में था आया।

चार कदम, ले चली जिंदगी, बाधाएँ भरपूर।
देख रहा तू कहाँ बैठकर, बोल तू कितनी दूर॥
ख्वाबों सी उलझन, करती है अनबन,
याद है क्या बिसराया रे मनवा,
बोल क्यूँ जग में तू आया था मनवा...
बोल क्यूँ जग में था आया।

बड़ी रुपहली दिखती दुनिया पीड़ाओं की खान।
पल पल में है रंग बदलती, बन करके अनजान॥
किसको कहें क्या, जिसको पता हो,
सुख दुख की यह माया रे मनवा,
बोल क्यूँ जग में तू आया रे मनवा,
बोल क्यूँ जग में था आया।

जीवन जो माटी से उपजी, माटी में मिल जानी।
माटी के पुतले की कैसी, कह दो रे मनमानी॥
बीतते हैं दिन शेष बचे गिन,
क्या भरना भर पाया रे मनवा,
बोल क्यूँ जग में तू आया रे मनवा,
बोल क्यूँ जग में था आया।

बागों में, खिलती जो कलियाँ, उन्हें भला क्या ज्ञान?
कुछ पल को ही रूप महक सब सदा कहाँ मुस्कान।
कौन सवाली, मालिक है माली,
तोड़े जब मन भाया रे मनवा,
बोल क्यूँ जग में तू आया रे मनवा...
बोल क्यूँ जग में था आया।

बीतता जीवन, सोच रहा मन,
क्या खोया क्या पाया रे मनवा,
बोल क्यूँ जग में तू आया रे मनवा...
बोल क्यूँ जग में था आया।

44. उठती गिरती पलकें

उठती गिरती पलकें, कुछ ना कुछ कहती हैं।
बातों ही बातों में, दिल छलती रहती हैं।
अब कौन भला इस दिल को समझाए?
इक बार फँसा फँसता चला जाये।

प्रेम की गलियाँ हैं सतरंगी,
मन का क्या उन्मुक्त विहंगी।
सुध बुध भूल रहे अपने में,
प्रियतम के सुन्दर सपने में।
धीरे धीरे रे चल, समय के उड़ते बादल।
दो पल को बन जाऊं, प्रिय नैनों का काजल।
पा एक झलक बरबस ललचाये,
इक बार फँसा फँसता चला जाये।

हृदय भला कब माने कहना,
रहता वहीं जहाँ है रहना।
गीत मीत मन में हैं बजते,
सारे साज वहीं पर सजते।
हालत होती ऐसी, जैसे शांत सरोवर।
कंकड़ भर पड़ने से, हो जाता घनचक्कर।
तट प्रीति सिंधु मन को फुसलाये,
इक बार फँसा फँसता चला जाये।

45. दिल ने कहा कुछ

दिल ने कहा कुछ, सुन ले जरा रुक......
महफ़िल में रंगीनियां है छुपी।
जाना सभी को घर,
खुद को ही फुसला कर,
तुमसे सितारों सी रौनक बढ़ी।

आओ जरा झूम ले संग नशे में,
जाने न जाने नया दौर क्या?
कल का भरोसा तो कुछ भी नहीं है,
यही जिंदगी है बचा और क्या?
किस बात का दुख, छिप जो गए सुख,
ढूँढो मिलेगी यहीं पर खड़ी...
दिल ने कहा कुछ......

आँखों ही आँखों में दिल की जुबानी,
कहो कुछ कहानी भली या बुरी।
कुछ तुम कहो न कहो हम सुनेंगे,
आती हमें भी है जादूगरी।
कुछ भी तो समझाओ, बैठो निकट आओ...
करने दो हमको जरा बंदगी।
दिल ने कहा कुछ,
सुन ले जरा रुक,
महफ़िल में रंगीनियां है छुपी।

46. छोरी घणा लुभावे है

उलटी सीधी हरकत करके छोरी घणा लुभावे है।
सच बोलूँ मैं इसके रंग ढंग मुझको न भाई भावे हैं।
इसका तो कुछ बिगड़े ना करे म्हारी नियत खराब,
रे पुलिस पकड़ के ले गी कहवे घूरे बेहिसाब॥

इंगे उंगे फिरे बावरी बेमतलब मुसकावे है,
अंग अंग में मादकता है ना जाणे के खावे है।
म्हारा जीणा मुश्किल कर दियो आवे म्हारे ख्वाब,
रे पुलिस पकड़ के ले गी कहवे घूरे बेहिसाब॥

राह जिधर यु चले आँख बरबस ही उधर मुड़ जावे है,
बोले कुछ ना लागे पर के हमने पास बुलावे है।
पास गया जो लगा के तन मन में मैं अपने खिजाब,
रे पुलिस पकड़ के ले गी कहवे घूरे बेहिसाब॥

हरिणी जैसी चले मचल के खूब कमर लचकावे है,
भोले भाले हम लोगन की नीयत को बहकावे है।
इसकी खातिर पीणे लागे दारू बियर शराब,
रे पुलिस पकड़ के ले गी कहवे घूरे बेहिसाब॥

तिरछी ताके हमको झाँके अँखियन को मटकावे है,
उजरी उजरी देह न जाने साबन कोण लगावे है।
हमे लूट के ले गी भाई है नी कोई जवाब,
रे पुलिस पकड़ के ले गी कहवे घूरे बेहिसाब॥

47. ख़ता

ख़ता-ए-इश्क की कोई भी सज़ा हो जाये।
दर पे खामोश खड़ा हूँ जो रज़ा हो जाये॥

कौन होगा जो न दीदार की हसरत पा ले।
हँसते हँसते हँसी निगाहों का नश्तर खा ले।
इस तरह से नहीं फिरते हैं बेतकल्लुफ़ हो,
बेखयाली में कहीं कोई न उल्फ़त कर ले।
जाने अनजाने नहीं कोई खता हो जाये,
दर पे खामोश खड़ा हूँ जो रज़ा हो जाये॥

ऐसे चलती हो सियासत की चाल फीकी है,
हमको मालूम है तासीर-ए-यार तीखी है।
छोड़ दे अपनी फकीरी भी कोई दानिश्ता,
इश्क़ की राह भी तो बन्दगी सरीखी है।
हल्की जुम्बिश तुम्हारी आप अदा हो जाये,
दर पे खामोश खड़ा हूँ जो रज़ा हो जाये॥

तेरी यादें हमेशा साथ मेरे रुकती हैं,
गैरहाज़िर रहो जो तुम तो ध्यान रखती हैं।
आजमाइश नहीं करते गरीब दिल से कभी,
इश्क़ में अश्क भी अपना मुकाम रखती हैं।
ज़र्फ़ इतने भी न दे दो कि क़ज़ा हो जाये,
दर पे खामोश खड़ा हूँ जो रज़ा हो जाये॥

48. आजकल

प्यार में हूँ मैं आजकल,
दर्द ना सता तू चल निकल।
मस्तियों को चूमकर,
मिल के खुद से झूमकर,
डर लगे न जाऊँ फिर बदल॥

रूप ज्यों प्रकृति मुग्ध मोहिनी धरे,
चले समीर जैसे रास रागिनी भरे।
मानो इंद्रजाल हो,
कामना निहाल हो,
नित्य संग घूमती टहल।
प्यार में......

लोप हो चली तमाम तामसी तपन,
मन मयूर वन के जैसे मोद में मगन।
चलती करती दिल्लगी,
अब हमारी जिन्दगी,
दिख रही है स्वभाव से सरल।
प्यार में......

चक्षुओं का तेज दिव्य हो प्रकाशमय,
प्रीतिमय हृदय तरंग का मधुर समय।
मन किसी भी बात पर,
विघ्न सारे छाँटकर,
निश्चयों पे तुंग सा अचल।
प्यार में......

ओज है हृदय भरा हुआ प्रबल प्रखर,
वृद्धि होती नित्य कांति मन की हर प्रहर।
हौसलों से धीर धर,
पीर सारे चीर कर,
खुद बख़ुद ही जाता हूँ सँभल।
प्यार में......

प्यार में हूँ मैं आजकल,
दर्द ना सता तू चल निकल।
मस्तियों को चूमकर,
मिल के खुद से झूमकर,
डर लगे न जाऊँ फिर बदल॥

49. ब्याह करा दे

मन ये रहे बेचैन, जगे दिन रैन,
रे मैया मोरी ब्याह करा दिन, बीतत जाय॥

नित्य करूँ शृंगार, चलूँ सज, मोर चले जैसे वन में,
पंख पसारे फिरूँ रिझाने, दिखलाऊँ मैं भी यौवन में,
खग सा फिरूँ ले आस, हृदय विश्वास।
रे मैया मोरी बात चला, दिन बीतत जाय॥

सबसे करूँ मनुहार, मिले तो, प्यार किसी भी कोने से,
दर्पण दे धिक्कार कहे ये कि, कुछ नहीं मिलता रोने से,
खिले कुसुम जग नीर, देख हो पीर।
रे मैया मोरी, देख दिखा, दिन बीतत जाय॥

अजब गज़ब जग रीति, किसे कब, चिंता होती है अपनी,
ले जल धूनी धूप, हमें अब, लगता हरि माला जपनी,
नहीं जगत स्वीकार, जहाँ नहि प्यार।
रे मैया मोरी, लगन लगा, दिन बीतत जाय॥

आएगी कोई तेरी करेगी सेवा पूरे ही मन से,
मुझको मैया चिंता तोरी, मैं तो खुश हूँ जीवन से,
रहे तू दुख मे चूर, नहीं मंजूर।
रे मैया मोरी, बिगड़ी बना, दिन बीतत जाय॥

50. बधाई गीत

दशों दिशाओं आओ देखो, होने को आया नया सवेरा।
चलो उन्हें सब दें बधाई, बसाने को जो नया बसेरा॥

गजानन गणपति पधारो संग शिवगण और नंदी,
माँ उमा संग आ षडानन दीजिये हम सबको शक्ति।
शारदे आशीष दो माँ, सर्वदा हो शुद्ध बुद्धि,
वास माँ लक्ष्मी करो यश कीर्ति में हर दिन ही वृद्धि।
कीजिये पावन यह अवसर प्रार्थना सुनिए जी मेरा।
चलो उन्हें सब दें बधाई, बसाने को जो नया बसेरा॥

गीत गाओ आ गगनचर, सुर सजाओ रश्मियां रवि,
सब ठहर कर के निहारो, मन मनोहर कांतिमय छवि।
तरु लताओं व्योम तारों, इस प्रहर को आ सजाओ,
यक्ष मुनि गंधर्व गण हे, मंत्र मङ्गल के सुनाओ॥
दिव्य हो यह काल पावन, संकटों से मुक्त घेरा।
चलो उन्हें सब दें बधाई, बसाने को जो नया बसेरा॥

करते हम आह्वान शशि रवि अनल धरणी व्योम मारुत,
वेद ब्राह्मण यक्ष किन्नर, वर्ष के आएं सभी ऋतु।
आइये आशीष देने कृष्ण मुरलीधर पीताम्बर,
कीजिये किरपा की वर्षा हे त्रिलोचन चंद्रशेखर।
हे प्रजापति ब्रह्म धरती पर लगाओ आज फेरा,
चलो उन्हें सब दें बधाई, बसाने को जो नया बसेरा॥

दशों दिशाओं आओ देखो, होने को आया नया सवेरा।
चलो उन्हें सब दें बधाई, बसाने को जो नया बसेरा॥

51. नव वधू

आई नव वधू भवन में, मधुरस जीवन में भरने।
शुभ कदम पड़े आँगन में, चहकेंगी खुशियाँ मन में॥

स्वागत करें बड़ी अलबेली,
कलिका जैसे नई नवेली।
नया ये घर है नया सफर है,
नव पगडंडी नई डगर है।
करने को कानन मनभावन आई ज्यों हिरनी वन में...
शुभ कदम पड़े आंगन में...

इक घर की जो राजकुमारी,
रानी बन आई है प्यारी।
बन उपहार नए घर द्वार,
लिया जीवन ने नया आकार।
छोड़ के आई अपने खिलौने साथी थे जो बचपन में...
शुभ कदम पड़े आंगन में...

अवसर है यह परिवर्तन का,
अनल साक्ष्य है इस बंधन का,
प्रेम सरोवर, बने मनोहर
रहे सदा प्रिय वधू और वर।
सबका ही दायित्व दिखें न अश्रु कभी भी नयन में...
शुभ कदम पड़े आंगन में...

52. सुबह सवेरे

सुबह सवेरे जब भी प्रियतम, छवि तेरी दिख जाती है।
नीरस आँखों में रस आता, अधर स्वतः मुसकाती है॥

हृदय अचेतन में तुम बसती,
प्रेम वाटिका सहज महकती।
चारु सुकोमल चंचल चितवन,
मन मन्मथ पवमान बहकती॥
जाने कैसा यह आकर्षण, नयन दरश ललचाती है।
सुबह सवेरे जब भी प्रियतम, छवि तेरी दिख जाती है॥

सूरज छांटे जग अंधियारा,
तुमसे मन पाये उजियारा।
उद्गारित हो कंठ रागिनी,
बरबस बहे प्रीति रसधारा॥
जब तब तेरी यादें आकर, पास मेरे मुस्काती हैं।
सुबह सवेरे जब भी प्रियतम, छवि तेरी दिख जाती है॥

सुबह सवेरे जब भी प्रियतम, छवि तेरी दिख जाती है।
नीरस आंखों में रस आता, अधर स्वतः मुस्काती है॥

53. सुन री सखी

सुन री सखी...
दिल की सब बतियाँ कहूँ किससे?
सुन री सखी...
पिया घर न रहें मैं लड़ूँ किससे? सुन री सखी...

कहते सभी कि हमीं है दोषी,
बताओ जरा पर ऐसा कहाँ!
पहन चुके थे, पड़े गहने,
तो कहे जो नए, दिलवाओ जरा।
सुन री सखी...सब ज्यादा सजी, मैं सहूँ कैसे?
सुन री सखी...

करते नहीं तारीफ मेरी,
इक दो बातों से तो होता ही क्या,
कुछ न बनाके खिलाएँ हमे,
बाहर का मैं खाऊँ, कितना सड़ा!
सुन री सखी...मैं खुद ही हँसी, तो जलूँ किससे?
सुन री सखी...

दिन दिन भर ये काम करे,
मैं तो सो सो के थकती दिन भर,
इनको कहाँ है मगर चिंता,
कोई ध्यान नहीं रहता मुझ पर।
सुन री सखी...मुझसे बनती न बातें गढूँ कैसे?
सुन री सखी...

चैन नहीं दिन रैन कहीं,
मेरे अगल बगल भी है कोई नहीं,
कष्ट बड़े हैं भरे मेरे मन पर,
धीर धरूँ मैं तो रोई नहीं।
सुन री सखी...दिल खाली घड़ा मैं भरूँ कैसे?
सुन री सखी...

सुन री सखी...
दिल की सब बतियाँ कहूँ किससे?
सुन री सखी...
पिया घर न रहें मैं लड़ूँ किससे? सुन री सखी...

54. चेहरे पे चेहरा

चेहरे पे चेहरा है, राज ये गहरा है।
चाँद ज्यों चलता लेकिन लगता ज्यों ठहरा है॥

मुखड़े की शोभा से मन का क्या लेना है?
फुसलाने को तो काफी बंकिम दो नैना है।
दिल ये समझता खूब रूप ये छलिया है,
समझाता खुद को पर प्यारी ये कलियाँ हैं।
रंगीली महफ़िल में सब कुछ सुनहरा है।
चाँद ज्यों चलता लेकिन लगता ज्यों ठहरा है॥

अनजाने रस्ते पर मंजिल को जाना है,
ये भी पता है नहीं कहाँ ठिकाना है!
साथी है आखिर कौन साथ निभाना है,
ख्वाबों सी दुनिया ये जी के भुलाना है।
घावों की महफ़िल में भावों पे पहरा है।
चाँद ज्यों चलता लेकिन लगता ज्यों ठहरा है॥

साँसों की सरगम तो हर पल बदलती है,
परछाईं सी मुश्किल संग में चलती है।
दिखती कहाँ है लेकिन उम्र ये ढलती है।
आशाएँ जाने किस आशा में पलती हैं।
जीवन का हमको नहीं सूझे कक्कहरा है।
चाँद ज्यों चलता लेकिन लगता ज्यों ठहरा है॥

55. चार दिन जिंदगी

कोरोना की भेंट चढ़ गई, बची चार दिन जिंदगी,
घर में रहकर करते रहते, हम बीवी की बंदगी।
कोरोना की भेंट चढ़ गई...

बाहर है सन्नाटा फैला, आना जाना बड़ा झमेला,
जो भी दिखता चलते फिरते, मुखड़े पर बांधे इक थैला।
जादू टोना हुआ हो जैसे, जैसे कोई हो ठगी,
घर में रहकर करते रहते, हम बीवी की बंदगी।
कोरोना की भेंट चढ़ गई...

पिज्जा बर्गर को सब भूले, घर में बनें राजमे छोले,
चिक चिक सुन के कान पकाऊ, बहरे हो गए हौले हौले।
मुर्गी जो दिखती अब घर पर, वो ही अपनी है सगी।
घर में रहकर करते रहते, हम बीवी की बंदगी।
कोरोना की भेंट चढ़ गई...

जान के डर से छुपे हैं सारे, सारे ही गम के हैं मारे,
घुट घुट कर अब काम चलायें, हम जैसे भोले बेचारे।
पीछे छूटी उछल कूद सब, रूठी दिल की दिल्लगी।
घर में रहकर करते रहते, हम बीवी की बंदगी।
कोरोना की भेंट चढ़ गई...

56. महिला दिवस

रे नारी पड़ रही सब पे भारी,
अभी भी पूरी है तैयारी,
मूर्ख जो कहता अत्याचारी, रे नारी...

मैं क्यूँ कहने जाऊं तुम हो झगड़ालू झंझटिया।
घर में सदा तोड़ती रहती धूप बिछाकर खटिया।
मुझे क्या जान नहीं निज प्यारी...
रे नारी...

इधर उधर की गप्पों में मन तेरा पूरा रमता।
मैं क्यों बोलूँ पैर तेरा घर पल भर भी ना थमता।
मुहल्ले की खबरें हैं सारी...
रे नारी...

यहाँ वहाँ मैं करता रहता दिन भर ताता थैया।
घर में तुम हो मंगा के खाती पूरी और सेवइयां।
हमारी तो ठहरी लाचारी...
रे नारी...

मुखड़ा उजरा करने को हो सौ सौ जुगत लगाती।
पूछे ना ये कहाँ से आयें पैसे खूब उड़ाती।
गई थी अपनी मति ही मारी...
रे नारी...

57. देख लगूँ मैं कैसी

सखी री देख लगूं मैं कैसी?
देस की खातिर छोड़ चले पिया, बन बैठे परदेसी।
सखी री...

झुलस रहा तन मन बिछोह की, पीरा सही न जाये।
कासे कहूँ हृदय की बातें, शब्द कहत सकुचाये।
नित्य करूँ शृंगार सखी जाने, कब आ जाय बिदेसी।
सखी री देख लगूं मैं कैसी?

एक एक कर बीत रहे सब, मधुमय मास सुनहरे।
तरु पल्लव तक दिखें प्रफुल्लित, हम पर ठहरे पहरे।
माथे का सिंदूर कहे सखि, कोई नहीं हितैसी।
सखी री देख लगूं मैं कैसी?

आहट सुन जब दौड़ूँ द्वारे, सूनी डगर चिढ़ाए।
विचलित मन की खोई सुध बुध, कौन इसे समझाए।
जल बिन मीन, प्रेम बिन तन मैं वसुधा बंजर जैसी।
सखी री देख लगूं मैं कैसी?

सखी री देख लगूं मैं कैसी?
देस की खातिर छोड़ चले पिया, बन बैठे परदेसी।
सखी री देख लगूं मैं कैसी?

58. मजबूरी

आग लगे ऐसे मौसम को, जो लाई मजबूरी,
अच्छी नहीं लगती मुझको, तुमसे इतनी दूरी॥

जैसे बीत रहा युग सारा, तेरे दर्शन पाने को,
नीरस सी लगती यह दुनिया, क्या इसमें अपनाने को।
भरा हुआ मन का यह बादल गम का नीर समाये,
साँसें ऊपर नीचे होती आतुर हैं थम जाने को॥
दीपक के जलते रहने को, बाती बहुत जरूरी।
अच्छी नहीं लगती मुझको, तुमसे इतनी दूरी॥
आग लगे...

खाना पीना मिलना जुलना, बिल्कुल नहीं सुहाता,
नींद न आये रात रात भर, नहीं चैन सुख आता।
मन की बातें मन के भीतर मन की पीर बढ़ाएं,
आगे दुनिया चलती जाती, मैं पीछे रह जाता॥
आशाओं की धूमिल मंजिल, लगती आज अधूरी।
अच्छी नहीं लगती मुझको, तुमसे इतनी दूरी॥
आग लगे...

तुम ही मुझको दिखती मुझ सी मात्र एक लाखों में,
मेरा दिल है कैद तुम्हारी, मदमाती आँखों में।
बेचैनी के कदमताल बरबस ही मुझे रुलाएँ,
समझ न आता भला बुरा क्या, जानें क्या कर जाएँ॥
जीवन से टकराती साँसे, करती कोशिश पूरी।
अच्छी नहीं लगती मुझको, तुमसे इतनी दूरी॥
आग लगे...

बियावन सा घर का आँगन कैसे मन बहलाये।
घर कैसा घर तुम बिन बोलो कैसे घर कहलाये।
भोर दुपहरी शाम सभी बस तेरी राह निहारें,
चीख रहा मन का हर कोना तुमको पास बुलाये॥
धीरज संयम त्याग पुकारे मेरी अम्बक नूरी।
अच्छी नहीं लगती मुझको, तुमसे इतनी दूरी॥
आग लगे...

आग लगे ऐसे मौसम को, छाई है मजबूरी,
अच्छी नहीं लगती मुझको, तुमसे इतनी दूरी॥

59. सुन रे दीपक

सुन रे दीपक बात, आज घनेरी रात।
उर में भरा विषाद, आई उनकी याद॥

हृदय बना गृह शोक, घुस आया बेरोक।
नयनों करो प्रहार, अश्रु न मानों हार॥

मन के हे मनमीत, कैसी जीवन रीत।
करता हृदय गुहार, भारी मन का भार॥

गम चल खेलें खेल, मानें मन यह जेल।
पीड़ा मिली अपार, कैदी हुआ है प्यार॥

जल कर तू जब मौन, बता सुनेगा कौन।
नीरस हुआ कुमार, पाकर जीवन सार॥

60. तुम बिन

तुम बिन रस है कहाँ जीवन में?
पतझड़ जैसे चला आया हो, मदमाते मधुमय उपवन में।

दिखता नहीं कुछ भी जो सूझे,
जाएँ कहाँ मन खुद से ही पूछे।
किससे कहें यह हाल हुआ अब,
झुलस रहा मन विरह तपन में।
पतझड़ जैसे चला...

हृदय अकिंचन पीर पुकारे,
नीर विलोचन बिना सहारे,
मन बेचैन रहे हर पल में,
टीस उठे रह रह कर तन में।
पतझड़ जैसे चला...

काल प्रहार करे शर भाँती,
ग्रास करे यौवन दिन राती।
शुष्क हुआ मन विकल लगे यूँ,
श्वास मात्र हतभाग्य बदन में।
पतझड़ जैसे चला...

अधर नयन सब रूखे सूखे,
दर्द अपार किसे कब दीखे।
कानन तरु बिन नीर सुखाये,
हर्ष हुई निरुपाय चमन में।
पतझड़ जैसे चला...

व्योम सरस तारामण्डल से,
शशि निज दुखड़ा कह दे किससे।
इत उत फिरे इंदु एकाकी,
प्रीति अथाह लिए निज मन में।
पतझड़ जैसे चला...

तुम बिन रस है कहाँ जीवन में?
पतझड़ जैसे चला आया हो, मदमाते मधुमय उपवन में।

61. धड़कन

तुम आई तो सुख पाया,
ज्यों मिली तपिश में छाया।
थी नित्य बदलती कलाएँ,
हर रूप ने उर हर्षाया।
दिल तुम्हें देख जी लेता, तुम ज्यों मेरी बचपन हो।
तुम मेरी ज्योति नयन हो, तुम इस दिल की धड़कन हो॥

गति काल तीव्र अति तेरी,
हो गई बड़ी जल्दी री!
जी भर भी नहीं खिलाया,
बस्ते के बोझ गई घेरी।
इस अजब दौड़ते जग में, बचपन का व्यर्थ दमन हो।
तुम बिना दुखित आंगन हो, तुम इस दिल की धड़कन हो।

तुम बिना रहूँ अब वैसे?
जलचर बिन जल जिए जैसे!
हिय पीर बढ़े जब ज्यादा,
नयनों का नीर रुके कैसे?
पल भर जो तुम्हें हो देरी, इक अनजानी उलझन हो।
तुम से ही हर्षित मन हो, तुम इस दिल की धड़कन हो॥

62. लाडो

सूनी सूनी तेरी आंखें, जाने क्या कुछ हैं कह जाती।
ले आऊँ मैं कौन सी गुड़िया, आ तेरा जो दिल बहलाती।
ऐसे तो न बैठो लाडो रूठ के...
दिल मेरा भी रोता टूट टूट के।

जी करता है सारी दुनिया की खुशी,
ले आऊं मैं भर के कोई पोटली।
ख्वाबों की सुन्दर सी तेरी दुनिया,
धरती पर जीवन जो उसमें हो घुली॥
सतरंगी बदली पगली जो, प्यारी सी चिड़िया बन जाएं।
अम्बर से परियां कुछ आकर, संग में तेरे नाचें गाएं॥
नैनों से मोती क्यों निकले फूट के...
दिल मेरा भी रोता टूट टूट के।

मेरे मन के मन्दिर की हो प्रार्थना,
मेरे खाली हाथों की तुम याचना।
तुम ही तो आंखों का मेरे तेज को,
तेरे ही लिए है सारी कामना।
जीवन का साँसों से रिश्ता, वैसा तेरा मेरा किस्सा।
दुनिया भर में कौन कहाँ बस, तू मेरे प्राणों का हिस्सा॥
खुशियाँ कोई क्यों ले जाये लूट के...
दिल मेरा भी रोता टूट टूट के।

खुशियाँ भी रहती हैं मेरे पास ही,
तेरे बस रहने से मेरे सामने।
आँखों से होती हो जब भी ओझल,
सोचे मन उड़ आये तुमको थामने॥
घर की छोटी सी बगिया ये, बस तुझसे ही रौनक पाये।
मन में बसता अँधियारा जो, खुशियों से रोशन हो जाये॥
तुम खुश हो तो गम हैं साये झूठ के...
दिल मेरा भी रोता टूट टूट के।

सूनी सूनी तेरी आंखें, जाने क्या कुछ हैं कह जाती।
ले आऊं मैं कौन सी गुड़िया, आ तेरा जो दिल बहलाती।
ऐसे तो न बैठो लाडो रूठ के...
दिल मेरा है रोता टूट टूट के।

63. दादा जी

बैठे बैठे दादा सत्तू खूब चबाते हो...
चल के हमको टोफ़ी वोफ़ी नहीं दिलाते हो।
उल्टी पुल्टी कह के कुछ भी देते हो टरका,
इतनी सारी कहो कहानी कहाँ से लाते हो॥
आज चलो हम घुमा के लाते कहीं न जाते हो।
देखें खेल आज क्रिकेट क्या खेल भी पाते हो॥
बैठे बैठे...

रोज सुनाते हमें कहानी खूब पिया घी दूध,
नदिया नाले बड़े बड़े थे जाते पल मे कूद।
आपके आगे गाँव शहर के डरते सारे लोग,
मारा अंग्रेजों को इतना भागे बनकर भूत॥
चलो आज हमको सिखलाओ जो बतलाते हो।
देखें खेल आज क्रिकेट क्या खेल भी पाते हो॥
बैठे बैठे...

खटिया पर हो सुबह बैठते हो जाती है शाम,
बैठे बैठे धूप मे हड्डी हो जाएगी जाम।
आते जाते ग्रामीणों को मुफ्त बांटते राय,
खेल कूद को हमें हो कहते खुद करते आराम॥
पास जो जाता आँख दिखा कर उसे डराते हो।
देखें खेल आज क्रिकेट क्या खेल भी पाते हो॥
बैठे बैठे...

64. स्कूल

दादी तुम हो कितनी अच्छी, कितना रहती कूल।
मम्मा मुझसे कहती जाओ, बस्ता ले स्कूल॥

दादी अम्मा केवल तुम ही, करती मुझसे प्यार।
खेल कूद की उम्र में मुझपर, भारी अत्याचार॥
मुझे बचाओ प्यारी बच्ची, हूँ मैं जैसे फूल।
मम्मा मुझसे कहती जाओ, बस्ता ले स्कूल॥

पढ़ना पढ़ना कहे हमेशा, सर पर रहे सवार।
माथा छू मम्मा को बताओ, कितना बड़ा बुखार॥
होमवर्क जो देती टीचर, सारे ऊल जुलूल।
मम्मा मुझसे कहती जाओ, बस्ता ले स्कूल॥

नहीं खेलने देती टीचर, घर में भी है रोक।
टीवी देखो तो भी देते, आते जाते टोक॥
मेरी गुड़िया अलमारी में, फांक रही है धूल।
मम्मा मुझसे कहती जाओ, बस्ता ले स्कूल॥

पिज्जा बर्गर छोड़ के कहती खाओ रोटी दाल।
नए जमाने की मैं बच्ची चलती उल्टी चाल।
छोटी छोटी बातों को बस देती ज्यादा है तूल।
मम्मा मुझसे कहती जाओ, बस्ता ले स्कूल॥

आँख खोलकर बल्ब जलाकर पढ़ती पूरी रात।
पापा से पर डांट खिलाती कह कर झूठी बात।
अपनी बातें याद है रखती मेरी जाती भूल।
मम्मा मुझसे कहती जाओ, बस्ता ले स्कूल॥

देखो कितनी ठंड है दादी, नहलाये पर रोज।
काम पड़े तो मुझे पिलाती, मीठी घुट्टी खोज।
बड़ी हो सबसे तुम्ही बनाओ घर में कोई रूल।
मम्मा मुझसे कहती जाओ, बस्ता ले स्कूल॥

दादी तुम हो कितनी अच्छी, कितना रहती कूल।
मम्मा मुझसे कहती जाओ, बस्ता ले स्कूल॥

65. माखनचोर

नमन अभिनन्दन माखनचोर,
दरश सुख अंतस भावविभोर।
चुरा लो दुख जग के मेरे,
बिहारी नटखट श्यामकिशोर॥

प्रभू तन रीझै बंसी मौर,
भाव बस अर्पण भक्ति बतौर।
हरो हरि नाथ बड़ी पीड़ा,
आप बिन नहीं कहीं है ठौर॥

आपदा व्यापक अति चहुँ ओर,
मात्र प्रभु पीड़ाओं का शोर।
दास तन मन से शरणागत,
हरण दुख कर लो अति घनघोर॥

ढूँढता मन सुख सुधा अजोर,
मिटेगा कब से दुख का दौर।
दीजिये दर्शन हे स्वामी,
नयन ये कब से रहे अगोर॥

66. बहनों क्यों डरना

मन में भय विद्वेष डाल कुछ, कटुता की खोदें खाई।
कश्मीरी बहनों क्यों डरना, रक्षा को हम हैं भाई॥

माना कठिन समय था आया,
आ बहुतों ने भटकाया।
रक्तपात से हृदय हताहत,
आर्तनाद करती काया।
शांतिकाल के गीत बजे अब, तरु पल्लव तक ने गाई।
कश्मीरी बहनों क्यों डरना, रक्षा को हम हैं भाई॥

भारत का भू भाग आपका,
यहाँ वहाँ आओ जाओ।
विविध रंग ऋतु रूप सुहाने,
नए नए सुर सुख गाओ।
शिल्प कला लालित्य अनूठा, इस वसुधा की परछाई।
कश्मीरी बहनों क्यों डरना, रक्षा को हम हैं भाई॥

सम्मुख दिखे शत्रु तो कहना,
हम भारत की हैं नारी।
चंडी काली दुर्गा बनकर,
पड़ती शत शत पर भारी।
बन्धु काट लें शीश शत्रु का, आन बान पर जो आई।
कश्मीरी बहनों क्यों डरना, रक्षा को हम हैं भाई॥

चंद शिलाखंडों को हमने,
पुष्प समझ स्वीकारा था।
बहन हुई कुछ रुष्ट मानकर,
खुद को ही धिक्कारा था।
आज छांट कर कष्ट कुहासा, रश्मि भानु है मुस्काई।
कश्मीरी बहनों क्यों डरना, रक्षा को हम हैं भाई॥

मन में भय विद्वेष डाल कुछ, कटुता की खोदें खाई।
कश्मीरी बहनों क्यों डरना, रक्षा को हम हैं भाई॥

67. मास्को

चलो बुझा लें आँखों की अपनी प्यास को,
घूमने आए हैं भैया हम तो देखो मॉस्को।

चलती फिरती परियाँ सुरलोक जैसे देश में,
प्यारी न्यारी रूपसी जँचती किसी भी वेश में।
दूर जाती जब तो तोड़ जाती जैसे आस को,
घूमने आए है भैया हम तो देखो मॉस्को॥

शिल्प की कलाएँ भी अनेक अप्सराएं भी,
बोल चाल मूक किन्तु देख मुस्कुराएं भी।
जागती उमंग कहती जाएँ थोड़ा पास को,
घूमने आए है भैया हम तो देखो मॉस्को॥

स्वच्छता स्वतंत्रता सरल समाज सार है।
बालपन को देख मंत्र मुग्ध लाड़ प्यार है।
ऐसा दिव्य देश मेरा मन करे निवास को।
घूमने आए है भैया हम तो देखो मॉस्को॥

चलो बुझा लें आँखों की अपनी प्यास को,
घूमने आए हैं भैया हम तो देखो मॉस्को॥

68. प्रतीक

मोमबत्तियाँ प्रतीक शोक की जलाइए।
हो सके तो आप भी दो घड़ी को आइये॥

एक बार फिर से क्रुद्ध ये हुआ समाज है।
फिर से फूटा ज्वार रोष का बढ़ा उफान है।
क्रूरता ने लांघ लोक लाज लूट ली हया,
आज फिर सिसक रही ममत्व की जुबान है।
स्वर में स्वर विरोध का बेझिझक मिलाइये।
हो सके तो आप भी दो घड़ी को आइये॥
मोमबत्तियाँ प्रतीक शोक की जलाइए।
हो सके तो आप भी दो घड़ी को आइये॥

जिस निरीह पर हुआ अतीव अत्याचार है।
जिसकी देह और रूह पर हुआ प्रहार है।
उसके आर्तनाद पर आप हम कहाँ खड़े,
जिसकी भोली भावना भीति तार तार है।
अंग आप भी समाज खेद तो जताइये।
हो सके तो आप भी दो घड़ी को आइये॥
मोमबत्तियाँ प्रतीक शोक की जलाइए।
हो सके तो आप भी दो घड़ी को आइये॥

बच्चियाँ समाज में डर के क्यों सहम चलें।
क्यों विभिन्न रूप ले दुष्टता इन्हें छले।
व्यसन विकार व्याधिग्रस्त लोग रोग है जिन्हें,
दंड हो प्रचंड खंड खंड अंग हो जले।
स्वर सकल समाज से सत्य को उठाइये।
हो सके तो आप भी दो घड़ी को आइये॥
मोमबत्तियाँ प्रतीक शोक की जलाइए।
हो सके तो आप भी दो घड़ी को आइये॥

स्वस्थ हो समाज राष्ट्र में बड़ा महत्व है।
भयविहीन हो प्रजा ये लोकतन्त्र सत्व है।
आन मान है सभी की इसका सबको ध्यान हो,
श्रेष्ठता को आचरण चरित्र मूल तत्व है॥
बालकों को श्रेष्ठ बालपन से ही बनाइये।
हो सके तो आप भी दो घड़ी को आइये॥
मोमबत्तियाँ प्रतीक शोक की जलाइए।
हो सके तो आप भी दो घड़ी को आइये॥

69. शत्रुध्न

नीति धर्म कर्तव्य त्याग, जैसी जिनकी।
राह चुनी सबने अपनी, अपने मन की॥

माता का अनुबंध तात से केवल था,
वचन पूर्ण करने का बस उनमें बल था।
दशरथ ने जब कहा राम को वन मत जाओ,
वचनपूर्ति को राम कहें वल्कल पहनाओ।
तात हुये हत हाय कोई सुत निकट नहीं,
राह चुनी सबने अपनी, अपने मन की॥
नीति धर्म...

सीता भी चलने को झटपट खड़ी हुई,
पति का साथ निभाने को थी अड़ी हुई।
धर्मपरायण होकर वह वन ओर चली,
वहीं उर्मिला धर्म मान घर पर ही भली।
जनकसुता को कहें राम विपदा वन की।
राह चुनी सबने अपनी, अपने मन की॥
नीति धर्म...

लखन लाल तो प्रभु के साथ सदा रहते थे,
छाया हैं वे राम की सबसे ही कहते थे।
मूक सजल भार्या नयनों को धर्म सिखाकर,
चले बंधु के संग बंधुता धर्म बताकर।
रक्षक बनकर रहें सोच कहती उनकी।
राह चुनी सबने अपनी, अपने मन की॥
नीति धर्म...

ननिहाल से लौटे भरत अयोध्या लगी आग।
मृत्यु तात सुन फिर चौंके वनगमन राग।
क्रोध किया कैकेयी पर फिर चले मनाने,
सबके थे निज तर्क कहो कैसे कोई माने।
कुटी खड़ाऊँ हेतु बनी पथ पालन की।
राह चुनी सबने अपनी, अपने मन की॥
नीति धर्म...

इक मात्र शत्रुघ्न बचा राज महलों के भीतर,
वह भी यदि सब छोड़ चले बीते क्या सबपर।
रघुकुल का हो राज्य प्रजा के हित सुखकारी,
केवल निज परिवार नहीं यह नीति विचारी।
सम्मुख एक विकल्प प्रजा के पालन की।
राह चुनी सबने अपनी, अपने मन की॥
नीति धर्म...

नीति धर्म कर्तव्य त्याग, जैसी जिनकी।
राह चुनी सबने अपनी, अपने मन की॥

70. लड़कियाँ

प्यार से भरी हुई ये लड़कियाँ,
झूठ मूठ रूठती दिखाती जैसे बेअसर?
खोलती नहीं हैं दिल की खिड़कियाँ!
प्यार से भरी...

ये ही गुनहगार हैं जो जिंदगी तमाम है,
भूल भाल छोड़ छाड़ बंद काज काम है,
फिर रहा ये दिल फिजाँ में ले के एक नाम है,
सुन रहा यहाँ सभी की झिड़कियाँ!
प्यार से भरी...

बढ़ती जाती जानलेवा हरकतें शुमार हैं,
इनकी ही अदाओं से जमाने में खुमार है,
इनके दर्प रूप से जहाँ हुआ बिमार है,
देखो दो घड़ी तो देती घुड़कियाँ!
प्यार से भरी...

दर्द दिल का यूँ बढ़ा दवा दुआएँ बेअसर,
हर घड़ी अधीर धीर देने को चलें किधर,
कोई तो पुकार पूछो आज मेरी क्या खबर,
पोटली में दिल की सिर्फ कड़कियाँ!
प्यार से भरी...

71. इसी काबिल थे

इसी काबिल थे कि मिलती हमें ये रुसवाई,
जाने क्यूँ मौत नहीं अब भी बुलाने आई।

अश्क खामोश से गुमगश्ता भला क्या करते,
आकीबत आग लगा जश्न मनाने आई।

वक़्त की खूब हुई दिल के साथ में टक्कर,
ज़ख्म खाये मगर न अक्ल ठिकाने आई।

दाग़ दामन पे लगे ऐसे नहीं धुल सकते,
इश्क़िया गर्द फ़िज़ाओं से सामने आई।

कैसे ज़िल्लत सहे "कुमार" इस ज़माने से,
खाक करके हमें वो आँख दिखाने आई॥

72. महफ़ूज़

कोई महफ़ूज़ नहीं दिखता हिफाज़त पाकर।
उरूज़ हासिल सा लगता है उक़ूबत पाकर॥

ऐयाश हमको कहती पूरी कौम क्यों भाई,
खुत्बा पढ़ते हो कहो किससे इजाज़त पाकर॥

नक़ाब चाहते चेहरे पे ख़वातीन के है,
तुमने भी तो ओढ़ा है खूब शराफत पाकर॥

जिस्मानी उरियों में है खो गई तहज़ीब कहीं,
क़ल्ब ए ख़ज़ालत हुई कुर्बान ख़िलाफ़त पाकर॥

"कुमार" से न पूछो हाल-ए-मुल्क है कैसा,
खामोश बैठे हैं हम सबसे ज़लालत पाकर॥

(उरूज़ - इज्जत, उक़ूबत - दंड, खुत्बा - उपदेश, उरियाँ -
नग्नता, क़ल्ब- आत्मा/मन/दिल, ख़ज़ालत - लज्जा)

73. जंजीर

वो कहते इबादतगाह में आया ही भला क्यूँ,
अब कौन कहे जान की जागीर यहीं है।

थोडा हुआ जो दर्द दिल में हो गए बेदम,
अब कौन कहे यार की तस्वीर यहीं है।

बेहतर यही ख़ामोशी से मान ले जलाल,
अब कौन कहे क़त्ल की शमशीर यहीं है।

यह ज़िंदगानी कट गई मालिक की ख़ोज में,
अब कौन कहे पीर और फ़कीर यहीं है।

है रुखसती का आलम ना जाने देर क्यूँ,
अब कौन कहे वक्त की जंजीर यही है॥

74. बोलिए हुज़ूर

मिलता है जो भी राह में, सलाम बोलिये,
हाज़िर हुआ हुज़ूर में जी काम बोलिये।

चारो तरफ लगा हुआ बाजार एक है,
बिकने में क्या कुसूर, आप दाम बोलिये।

रोना है अपना दुखड़ा पर, किसको क्या कहें,
जो शख़्स परेशां न हो, वो नाम बोलिये।

आजिज करे जो आकर, बेवक्त बेसबब,
ऐसी मुसीबतों को राम-राम बोलिये।

जाने भला क्यूं दर्द दिल का बढ़ता जा रहा,
क्या इश्क़ में भी है कोई आराम बोलिये।

हर सांस इनायत बड़ी, परवरदिगार की,
तो नाम राम मौला, सुबहो शाम बोलिये।

दो दिन के बाद आखिर जाना कहां "कुमार",
मैं पूछता हूँ सबसे ही मुकाम बोलिये॥

75. आईना

इस कदर गैर को हसरत से निहारा ना करें,
आईने तोड़ के कह दो तुम्हें ताड़ा ना करें।

फ़ाज़िल ये नूर लेंगे चुरा धूर्त फरेबी,
बेवजह वक्त इनके साथ गुजारा ना करें।

बड़ी बेताब मुझे लगती है नीयत इनकी,
बादिया बेजा तबस्सुम की बहाया ना करें।

गैरहाजिर जो रहें हम हमारी नूर-ए-नज़र,
हुस्न शिद्दत से इफरात सँवारा ना करें।

गम जो आयें करीब बाँट देंगे दुनिया को,
हसीं रुखसार को अश्कों से यूँ खारा ना करें।

हुस्न ऐसा अजीम खुद बख़ुद लगती हो सभी को,
कौन ज़ाबित जिसे जमाल अवारा ना करे।

आसरा तेरे सिवा हम कहाँ ढूँढें जाकर,
"कुमार" ख्वाब में भी हमसे किनारा ना करें॥

76. फ़र्क

फर्क क्या पड़ता किसी की मौत से किसको कहो,
दो रोज की मातम गमी फिर रोजमर्रा जिन्दगी।

कोई कर ले याद या फिर ना करे उसकी रज़ा,
तनहा होती रूखसती फिर जर्रा जर्रा जिन्दगी।

जाने क्या क्या ला के अपनी झोलियाँ भरता गया,
हर्फ कोई था नहीं है कोरा फर्रा जिन्दगी।

लगता था कुछ खास हैं कुछ कद्र भी हासिल हमें,
झूठ है सारी है सबकी एक ढर्रा जिंदगी।

मिट्टी की जब देह मिट्टी ही है हो जानी "कुमार"
हाथ में तेरे बता फिर कैसा खर्रा जिंदगी।

77. पुनर्मिलन

हवा के जैसे निकट कहीं हो,
आभास है हमको तेरी छुअन का।
न देखो मुहरत आ जाओ चल के,
समय हुआ यदि पुनर्मिलन का!
हवा के जैसे निकट कहीं हो...

कब से थी प्रतीक्षा आओगे,
संग मुझे ले के जाओगे।
कोई साथ में होगी एक सवारी,
बैठूँगा तो रोक नहीं पाओगे।
भुला के जग को, बस हम तुम होंगे,
क्या करना हमको फिर इस चमन का...
न देखो मुहरत आ जाओ चल के,
समय हुआ यदि पुनर्मिलन का।

इच्छाओं का क्या कब होती पूरी,
बहुत दिनों से लम्बी दूरी।
माना लेनी होगी सबसे विदाई,
किन्तु प्रथा यह जग की बड़ी जरूरी।
ऐसे मिलें हम, मधुर लगे सब,
आभास हो ना किसी तपन का।
न देखो मुहरत आ जाओ चल के,
समय हुआ यदि पुनर्मिलन का।

क्यूँ फैलाते हो तुम इतनी माया,
क्या करना है जर्जर करके काया?
ले जाना तो कष्ट भला क्यूँ देना,
सच कहता तुम्हें काम न करना आया।
शक्ति भरी तुममें है असीमित,
करो तो फिर कुछ व्यथा शमन का...
न देखो मुहरत आ जाओ चल के,
समय हुआ यदि पुनर्मिलन का।

हवा के जैसे निकट कहीं हो,
आभास है हमको तेरी छुअन का।
न देखो मुहरत आ जाओ चल के,
समय हुआ यदि पुनर्मिलन का।
हवा के जैसे निकट कहीं हो...

78. देहदान

क्या तन का मोल बचा कोई,
जब प्राण छिटक के उड़ जानी।
रह जाएगी बस राख बची,
वो भी मिट्टी में मिलवानी।
बेबस जग से मिट जाएगा...
ना तेरी चलेगी मनमानी।
तो कर ले दिल से देहदान,
मर कर जी ले रे अज्ञानी।
ये दुनिया अजब पहेली है,
जो समझ नहीं भाई आनी॥

देने से होता हर्ष बड़ा,
कुछ दे के देख ओ दीवाने।
परहित को बाँटें तरु पल्लव,
सरि वारि बिना परिचय जाने।
निर्धन या धनिक विभेद बिना,
समरूप स्वरूप के क्या माने?
जब अपना कुछ भी है ही नहीं,
क्यूँकर बनना फिर अभिमानी।
तो कर ले दिल से...

मानो तो दुनिया ये अपनी,
मानो तो जग ये डेरा है।
शशि रवि जैसे आना जाना,
बस सुबह शाम का फेरा है।
कर लो तो कुछ अब भी अच्छा...
जीवन में व्याप्त सवेरा है।
अपनत्व मिलेगा मर कर भी,
तुमने जो मन में है ठानी।
तो कर ले दिल से...

यह दान पुण्य की है धरती,
महिमा इसकी कहते हैं बड़ी।
बलि कर्ण दधीचि शिवी सबकी,
बस दान धर्म से जुड़ी कड़ी।
मृत देह भाग दे देने में,
कह दो विपदा क्या आन खड़ी।
ये बहता जीवन दरिया है,
सागर में मिल जाना पानी।
तो कर ले दिल से देहदान,
मर कर जी ले रे अज्ञानी।
ये दुनिया अजब पहेली है,
जो समझ नहीं भाई आनी॥

79. मुट्ठी भर राख़ मे

मुट्ठी भर राख में, जिस्म ये मिलना खाक में,
जाना तो जी सबको ही है, जल्दी की क्यूँ ताक में॥

माना ये जटिल अवसाद भरा,
जीवन ये बड़ा, दुष्कर ठहरा।
हर कदम कदम पे बिछे जाल,
हर सांस लगा जैसे पहरा।
लेकिन क्या जिन्दगी, कोई दिल की है ठगी?
मुश्किल से ये मिला जो जीवन, झोंक दें कैसे आग में...
मुट्ठी भर राख में...

अद्भुत सी अनोखी ये धरती,
चलती रहती, कुछ तो कहती।
रुक जाना तो जाना ही नहीं,
सूखे न नदी तब तक बहती।
ऐसी क्या कामना, मृत्यु की बाहें थामना!!
दुनिया रंग बिरंगी सुन्दर, जी ले जीवन राग में...
मुट्ठी भर राख में...

कोई है मिला कोई छूटा,
कोई टूटा, कोई रूठा।
जो आया जग में एकाकी,
बाकी सब कुछ जग में झूठा।
देखो तो घूमकर, अपना मुखड़ा चूमकर।
तुमसे बेहतर कौन यहाँ पर जिसके हो अनुराग में...
मुट्ठी भर राख में...

घर के भीतर माता हैं पिता,
हैं बंधु सखा निकटस्थ सभी।
तुम तो चल दोगे रूठ जरा,
सोचो उनका दुख भी तो अभी।
दुख दुष्कर है यह झेलना, दिल से उनके खेल ना!
प्रेम किया था क्या यह उसका दंड है उनके भाग में...
मुट्ठी भर राख में...

मुट्ठी भर राख में, जिस्म ये मिलना खाक में,
जाना तो जी सबको ही है, जल्दी की क्यूँ ताक में॥

80. आजादी का युद्ध

सक्षम तत्पर रहने की तैयारी है।
आजादी का युद्ध अनवरत जारी है॥

चालाक सिकन्दर आया था, शासन करने को,
निर्बल समझा था इसीलिए, आया लड़ने को।
पोरस ने दिखलाया पौरुष, सीमा पर उसको,
भागा रखकर सर पैर अकड़, दिखलाता किसको।
समझ आ गया उसे देश ये भारी है।
आजादी का युद्ध अनवरत जारी है॥

गोरी आया जब बार बार, इस पुण्य धरा पर,
हाथों पृथ्वीराज पिटा, पुनि-पुनि ये कायर।
किन्तु शत्रु निज देश मिल गए, जा दुश्मन से,
चौहान लड़ा पर त्याग मोह, सारे जीवन के।
आस्तीनों के साँप बड़ी बीमारी है।
आजादी का युद्ध अनवरत जारी है॥

बाबर आया था समरकंद, से लूटपाट को,
लोदी को हरा रुक गया देख, वसुधा विराट को।
अति वीर बली राणा सांगा, उससे टकराये,
राष्ट्र हेतु फिर हँसते हँसते, निज प्राण लुटाये।
दीमक को हटाना सबकी जिम्मेदारी है।
आजादी का युद्ध अनवरत जारी है॥

अंग्रेजों ने व्यापारी, गणवेश बनाया,
धीरे धीरे भारत भू को, हड़पा औ खाया।
सन अट्ठारह सौ सत्तावन, में छिड़ी लड़ाई,
लक्ष्मी टोपे नाना जी ने, थामी अगुआई।
शाह जफ़र को भी ये धरती प्यारी है।
आजादी का युद्ध अनवरत जारी है॥

भगत सिंह, आजाद के हाथ, थी हुई पिटाई,
निर्लज अंग्रेजों ने किन्तु, छोड़ी न ढिठाई।
नेता जी तो इम्फाल तलक, सेना ले आये,
गाँधी नेहरु सरदार कई, आंदोलन लाये।
सन सैंतालिस में भागा फिर अत्याचारी है।
आजादी का युद्ध अनवरत जारी है॥

फिर पाकिस्तान बना नफरत, की नींव निकलकर,
लड़ता मरता ही रहता है, अबतक वो अक्सर।
एक पड़ोसी चीन भी, जब तब आंख दिखाता,
मिलजुल जीवन जीना इनको, बिल्कुल नहि भाता।
रण को अस्त्र जुटाना अब लाचारी है।
आजादी का युद्ध अनवरत जारी है॥

इसी बीच कोरोना नामक, इक दुष्ट पधारा,
भूलोक प्रसारित हुआ कई, लाखों को मारा।
दुनिया सहमी ठिठकी दुबकी, अपने कमरों में।
सन्नाटा अब तक पसरा, गाँवों शहरों में॥
भड़क उठी ये छोटी सी चिंगारी है।
आजादी का युद्ध अनवरत जारी है।

शिक्षित विकसित होकर रहना, ही आजादी है।
सम्मान सदा सबका रखना, ही आजादी है।
निर्धन निर्बल के हित लड़ना, ही आजादी है।
मातृभूमि की रक्षा करना, ही आजादी है।
सबको ही करनी ये पहरेदारी है।
आजादी का युद्ध अनवरत जारी है॥

81. परीक्षा

अलसाई सी मनोदशा में, दिखती टूटी हुई कड़ी है।
जंग लगे शस्त्रों के सम्मुख, पुनः परीक्षा आन खड़ी है॥

तरकश के तूणीर नदारद, बिखरे दिखते सब कवच ढाल।
आया अब चलकर साक्ष्य प्रहर, शब्दों से कितने बजे गाल
अरि दल से किंचित भेद नहीं, गलनी उनकी भी वही दाल।
श्रम करने मे अति कष्ट किन्तु, जय को टपके भरपूर राल
नाना प्रकार की चिंताएं,
सारी दिखती कमजोर कड़ी है।
जंग लगे शस्त्रों के सम्मुख,
पुनः परीक्षा आन खड़ी है॥

विघ्न विविध भय के कारक बन, संशय विष अंतर प्रसार।
जो रक्त शिराओं में सीमित, उठ आया उनमें हर विकार॥
चल पड़ने की इच्छा पूरी, कर रहे शस्त्र के तीव्र धार।
महिमा मंडन का आडंबर, भारी करता कर्तव्य भार॥
मृत्यु मानकर चलना होगा,
जीवन गोलाकार लड़ी है।
जंग लगे शस्त्रों के सम्मुख,
पुनः परीक्षा आन खड़ी है॥

82. गणतन्त्र दिवस

क्या करते हम राष्ट्र प्रेम में, आओ जरा विचार करें।
खुद को कस कर आज कसौटी, सच अपना स्वीकार करें॥

केवल आजादी मिल जाना, नाकाफी होता।
संविधान बिन राष्ट्र कहीं भी, हो अपंग रोता।
निर्माताओं ने दुनिया के, पुस्तक मथ डाले।
मोती चुन सागर से लाये, अमृत के प्याले॥
जिनके तप गणतंत्र कहाया, नमन नमन सौ बार करें।
क्या करते हम राष्ट्र...

संविधान सुंदरतम रचना, है दुनिया भर की।
लोकतंत्र, विश्वास, धर्म की, आजादी सबकी॥
किया राष्ट्र ने अच्छा सबका, जो अच्छा पाया।
नीति नियम में भेद न करके, सुन्दर सुर गाया॥
विषम काल में बड़ी चुनौती, सबका हित तैयार करें।
क्या करते हम राष्ट्र......

किन्तु जरा सोचो हमने क्या, आखिर यहाँ दिया।
राष्ट्रप्रेम दर्शाने को कब, कुछ भी खास किया॥
भ्रष्ट आचरण लूट खसोटी, हममें से करते।
नारी को लज्जित करते पा, मौका कब डरते॥
बोलो क्या आजादी पाई, ताकी हम व्यभिचार करें।
क्या करते हम राष्ट्र प्रेम...

भीड़तंत्र में शामिल होकर, भूलें मर्यादा।
छुपा हुआ अंदर अपराधी, थोड़ा कम ज्यादा।
विषय विकार हमारे मन में, हैं अक्सर पलते।
सुख उन्नति हम देख पड़ोसी, मन ही मन जलते॥
अक्सर ही अंतर्मन अपना, बार बार धिक्कार करे।
क्या करते हम राष्ट्र......

समय यही कर स्वयं सबल हो, निर्बल की रक्षा।
नर नारी सब योग्य बनें, पाकर समुचित शिक्षा।
कर्मठ हों सब राष्ट्र सबल हो, सब आदर पाएं।
आंख दिखाए शत्रु समर यदि, नोंच उसे खाएं॥
रक्त सूख जाये अरि सुन बल, इससे पहले वार करें।
क्या करते हम राष्ट्र......

गरल सिन्धु सीने में तेरे, है उफान भारी।
अरि मस्तक टुकड़े करने की, कर लो तैयारी॥
दुर्बलता क्यों छू जाए हो, भारत की बाला।
दुर्जन दुष्ट पे टूट पड़ो तुम, बन कर नभ ज्वाला।
इतना कौशल भर लो भीतर, प्रशंसा संसार करे।
क्या करते हम राष्ट्र......

खुद को कस कर आज कसौटी, सच अपना स्वीकार करें॥
क्या करते हम राष्ट्र......

83. जी ले प्यारे

जवानी चार दिन की ज़िंदगानी, जी ले प्यारे,
पिटारे मे गर्मों को बंद करके सी ले प्यारे।

किसी को पास अपने तू बुला कर बात तो कर,
किसी के पास जाकर तू कोई शुरुआत तो कर,
चेहरे पर भरी जो टीस पल भर को मिटेगी,
किसी को देख ले थोड़ा अगर तू मुस्कुराकर।
प्यार के घूंट तो दो चार मीठे पी ले प्यारे॥
जवानी चार दिन की......

भरा नफरत बहुत दुनिया में माना बेदिली है,
इश्क की राह मुश्किल से भरी औ दलदली है,
आँखों मे सुनहरे ख्वाब ले फिर सच दिखेगा,
कई खतरे मगर दुनिया ये प्यारी सी भली है।
बाहों मे तमन्नाओं को अपने भी ले प्यारे॥
जवानी चार दिनों की......

मुसीबत से भरी राहें हमेशा ही रहेंगी,
हौसले हैं तो काँटो में भी कुछ कलियाँ खिलेंगी।
ज़िंदगी में भरे जो रँग बड़े ही खुशनुमा हैं,
तू चलता चल यहीं जन्नत भरी गलियाँ मिलेंगी।
गर्मों को छोड़ खुशियाँ सँग हमेशा ही ले प्यारे॥
जवानी चार दिनों की......

84. साफ सफाई

सबकी छुपी है, इसमें भलाई।
साफ सफाई, कर ले रे भाई॥

आते जाते करते गंदे,
फिर खुद कहते कैसे अंधे,
मंदिर तक गंदगी बढ़ाकर,
कहते हम ईश्वर के बंदे।
भैंस तलक पोखर में नहाई।
साफ सफाई, कर ले रे भाई॥

देश विदेश कहीं जब जाएं,
सदा स्वच्छता के गुण गाएं,
वापस आ कह सबको दोषी,
जँह तँह लघु शंका कर आएं।
इतनी तो मत दिखा ढिठाई।
साफ सफाई, कर ले रे भाई॥

बच्चों को देखो कुछ सीखो,
गंध हटाते बुला सभी को,
कूड़ा कूड़ेदान में डालें,
इनके लिए ताली सब ठोको।
अलख जगत में गई जगाई।
साफ सफाई, कर ले रे भाई॥

85. बदलता दौर

नया निजाम, नई राह, हौसले हैं नए,
नये के दौर में, थोड़ी तो दुश्वारी होगी।
बदलना कौम को हमको है बेहतरी के लिए,
पड़ेगा बोझ उठाना थोड़ी भारी होगी॥

ख्वाहिशें हैं दिलों में पार करने को दरिया,
खौफ पानी में डूब जाने का भी है उतना।
दिल-ए-नादां, नहीं जज्बा, तो पाल न हसरत,
हौसलों के बिना ना जीत हमारी होगी॥

मेरे हमदम मुझे है इल्म तेरी हालत का,
मुझसे मत पूछ, नहीं तुझसे जुदा हाल मेरा।
अपनी मत सोच, सोच उस गरीब की हालत,
तमाम उम्र जिसने फाके में गुजारी होगी॥

दो निवाले मिलें इंसाफ से मजलूम को भी,
फकत इतनी ही तो गुजारिश अवाम ने की है।
आज तू रहनुमा बन के खड़ा है दोस्त मेरे,
पीछे हटने पर, तेरी भी जवाबदारी होगी॥

खौफ के साये में है मुफलिसी दम तोड़ रही,
दहशत, वो जो फैलाते थे, खामोश हैं अब।
अमन की सांस नहीं दूर अब नहीं मजिल,
बदलती सूरत में हम सबकी हिस्सेदारी होगी॥

86. व्हाई टू हरी

झटपट, झटपट,
चली मटक,
गोरी पैर पटक।
जैसे भूत पड़ा,
पीछे रे कोई,
दौड़े सरपट।
अटक अटक,
रोती जुतिया,
करके टकटक।
ऐसो देख के मैंने पूछ लियो,
री कोई आफत आन पड़ी?
रे गोरी व्हाई टू हरी?

फूल की जैसे,
बगिया हो,
थी रही महक।
गगन की उड़ती,
चिड़िया ज्यों,
थी रही चहक।

सिन्धु लहर सी,
बढे धरा ज्यों,
जाए गटक।
ऐसो देख के मैंने पूछ लियो,
री कोई मार्किट सेल लगी?
रे गोरी व्हाई टू हरी?

चलते चलते,
जैसे ब्रेक लगे,
रुक गई ठिठक।
ऐसे देखि मुझे,
खा जायेगी ज्यों,
करती लकदक।
बोली साथ न चल,
चल भाग यहाँ से,
निकल सरक।
ऐसो देख के मैंने पूछ लियो,
री काहे देह में आग भरी?
रे गोरी व्हाई टू हरी?

87. कहाँ गई

प्रातः उठकर बेचैनी में, ढूंढ रहें हैं स्वयं प्रभाकर,
कहाँ गई जो घर के बाहर बैठी रहती धूप बिछाकर।

श्वानों संग बातें करती थी,
अपनों की आहट तकती थी।
पथराए से रहें विलोचन,
नाम किसी माला जपती थी।
कदमताल में पिछड़ काल से, सूख गई थी जो मुरझाकर।
कहाँ गई जो घर के बाहर...

पीड़ाओं के त्यागे बंधन,
संचित करती उर में क्रंदन।
कान्ति अलौकिक रहे छुपाए,
वन के भीतर जैसे चन्दन।
आगंतुक क्रेता विक्रेता, सबको दुलराती अपनाकर।
कहाँ गई जो घर के बाहर...

आशाओं के भँवर जाल में,
नियमों का करती अनुपालन।
उगते ही सूरज आ जाती,
जाते ही रवि करे पलायन।
तन से थोड़ी विकल हुई तो, चलती जो थोड़ा लंगड़ाकर।
कहाँ गई जो घर के बाहर...

88. अपना भी नंबर आएगा

आज हँस रहा जग जो सारा, कल मेरे संग गायेगा।
अपना भी नंबर आयेगा...

दुनिया है ये यारों, चलती है कुछ ऐसे,
उसके पीछे भागे, जिसके पास पैसे।
अपनी जेब जो आज है खाली,
कल पूरा भर जाएगा।
अपना भी नंबर आएगा...

चक्कर है समय का, हाथ किसके भइया,
काम धंधा कर लो, चलता बस रुपैया।
उसका ही बस जग ये सारा,
कष्ट में जो चल पायेगा।
अपना भी नंबर आएगा...

हमको मत यूँ देखो, सारा जग जुआरी,
दाँव पे लगी है, जिन्दगी ये सारी।
जतन तमाम करें जीने को,
नहीं तो फिर क्या खायेगा।
अपना भी नंबर आएगा...

आज हँस रहा जग जो सारा, कल मेरे संग गायेगा।
अपना भी नंबर आएगा...

89. दुनिया का मेला

आ चल तुझे दिखा कर लाऊं, दुनिया का मेला।
कैसे कैसे लोग जहाँ में, चलता क्या खेला॥

अपनी अपनी सबकी चाहत, सब चाहें ताकत।
अपने अपने शस्त्र बढ़ाते, फैलाते नफरत॥
कई देश नेता बन बैठे, कुछ अब हैं चेला...
आ चल तुझे...

द्वेष भाव भरपूर हृदय में, हिंसा है जारी।
धर्म नाम ले बँटे बिचारे, लड़ना लाचारी॥
हम ही सच हैं साबित करने, को चलता रेला...
आ चल तुझे...

ऊँचे भवन बने कहने को, मन अब भी छोटा।
देख किसी को सुखी, दुखी हों, दिल रहता खोटा॥
झूठे अभिमानों में पलकर, दुख सबने झेला...
आ चल तुझे...

जीव जन्तु खग जलज श्रेष्ठ हैं, मानव से अच्छे।
अपनी ही धुन में रहते ये, धरती के बच्चे॥
सर्वनाश के द्वार धरा को, नर ने ही ठेला...
आ चल तुझे...

आ चल तुझे दिखा कर लाऊं दुनिया का मेला।
कैसे कैसे लोग जहाँ में, चलता क्या खेला॥

90. सूखा

आसमान से आग बरसती, बनकर जैसे काल।
सूख गए तटिनी तड़ाग तरु, अम्बर अनल विशाल॥

हुई कैद सीमित कक्षों में,
शीतल सुखद समीर।
ओझल हुए स्वर्ग सम बादल,
सिमटी वसुधा नीर॥
पावक प्रखर प्रहार करे ज्यों, गरल उगलता ब्याल।
सूख गए तटिनी तड़ाग तरु, अम्बर अनल विशाल॥

भाग रहे वन के पशु सारे,
जल बिन जलचर जीव।
भटकें जँह तँह बदहवास खग,
लघुता नीर अतीव॥
धरती वन मानव पशु पंछी, प्यासे पड़े निढाल।
सूख गए तटिनी तड़ाग तरु, अम्बर अनल विशाल॥

आसमान से आग बरसती, बनकर जैसे काल।
सूख गए तटिनी तड़ाग तरु, अम्बर अनल विशाल॥

91. खुशियाँ टपकी

तपती धरती भी मुस्काई, बदली जब आई चलकर।
खुशियाँ टपकी आसमान से, बारिश की बूंदें बनकर॥

अनल वृष्टि थी नभ से जारी,
झुलस रहे थे पशु नर नारी,
कालसमान हुई भयकारी,
प्राणदायिनी हवा हमारी।
आश्रयहीन छुपे सब के सब, कैदी बन घर के भीतर।
खुशियाँ टपकी आसमान से, बारिश की बूंदें बनकर॥

जल का था संकट गहराया,
नल का पानी जब तब आया,
बाहर बरसे लू ले छाया,
तड़पे रह रह बेबस काया।
बीते मास दिवस कुछ ऐसे, जैसे तैसे गिनगिन कर।
खुशियाँ टपकी आसमान से, बारिश की बूंदें बनकर॥

मुश्किल से थी छुट्टी आई,
गर्मी ने पर आग लगाई,
मौसम बदला ठंडक पाई,
उम्मीदों ने ली अंगड़ाई।
शीतलता पाएं तो खेलें, बरखा रानी से मिलकर।
खुशियाँ टपकी आसमान से, बारिश की बूंदें बनकर॥

92. अंबर सुत

नृत्य मयूर करे पिक कूके,
पुनः खिल उठे उपवन सूखे।
पुनः प्रमोदित पृथा प्रफुल्लित,
जनमानस गायें हो हर्षित।
चहुंदिश मोद यंत्रवत छाया, भीग चलें चल वर्षा वन में।
अम्बर की पीयुष रसधारा, रखें सहेज समेट सदन में॥

मत भूलो उस सूखेपन को,
निर्जलता तड़पाये मन को।
उर उर्वी ऊसर बन फटती,
सलिल विहीन जिन्दगी कटती।
भूतल भूधर भोथर होकर, ढूँढें निर्मलता कण कण में
अम्बर की पीयुष रसधारा, रखें सहेज समेट सदन में॥

सुखकारक पल जब भी आये,
कष्ट काल को भूल न जायें।
करें जतन दुख उन्मूलन को,
दोष मढ़ें मत इनको उनको।
संचित जल सिंचित मरु सुखकर, मृदु मयूख मुस्काये मन में।
अम्बर की पीयुष रसधारा, रखें सहेज समेट सदन में॥

93. अध जल गगरी

टाँग अड़ाते बिना बात जो,
गाल बजा बाँटे निज राय।
थाली के बैंगन ये इनकी,
अध जल गगरी छलकत जाय॥

अक्ल के अंधे दौड़ाते जब, अक्ल के घोड़े बिन आधार,
अक्ल चली जाती तब चरने, दिवा स्वप्न कर के बेकार।
उँगली पकड़ उठाना उँगली, ऊँचे दर फीके पकवान,
दिल के काले मन के मैले, दो दिन के केवल मेहमान॥
अपने मुँह मियाँ मिट्टू बन जो,
अपनी खिचड़ी रहे पकाय।
उल्लू सीधा कभी न होता,
अध जल गगरी छलकत जाय॥

आँख फेरकर आँख चुराते, आँख मिलाना ना आया,
खुली जो आँखें, आँखें नीची, आँख बिछाना ना भाया।
पानी पानी हो जायेंगे, रहें ये कितने पापड़ बेल,
मन के मोदक खाते जाएं, कभी न नौ मन होगा तेल॥
आँखों पर अभिमान का परदा,
अंग-अंग फूले न समाय।
आँख का तारा कहते जग का,
अध जल गगरी छलकत जाय॥

आसमान पर थूक रहे जो, आसमान पर चढ़ा दिमाग,
बरसाती मेढक ज्यों गायें, अपनी ढपली अपने राग।
कागज के घोड़े दौड़ाते, कागज काले करते खूब,
जहर उगलने वालों जाओ, चुल्लू भर पानी में डूब॥
बात बढ़ाये जो शुभ कारज,
अपने ही मुँह की वो खाय।
फूटी है तकदीर करें क्या,
अधजल गगरी छलकत जाय॥

नाक कटी तो नाक बचाने, बगुलाभगत बने बैठे,
बालू की दीवार पर टिके पीले लाल हुए ऐंठे।
उठा के सर को हैं सर खाते, सीधे मुँह कब होती बात,
रंग में भंग डालने को बस, एक किये कुछ हैं दिन रात॥
अपने राग अलापैं अकसर,
बिन माँगे बांटे आ राय।
इधर कि उधर लगाना आदत,
अध जल गगरी छलकत जाय॥

94. विज्ञान और हम

ज्ञान का निश्चित सदा सम्मान हो।
धर्म हो ज्योतिष या फिर विज्ञान हो॥

कामना मन की सदा दोहरी रहे,
आचरण को धर्म बन प्रहरी रहे,
नीति नीयत में बसे सद्भावना,
वक्त भी दो पल को फिर ठहरी रहे।
कर्म में यदि धर्म का भी मान हो।
ज्ञान का निश्चित सदा सम्मान हो॥

जिन्दगी बेहतर से बेहतर हो रही,
प्रेम पर भौतिक जगत में खो रही,
यंत्र नाना कर रहे जीवन सरल,
भावनाएँ मृत सिसकती रो रही।
मत कहो तुम सत्य से अनजान हो।
ज्ञान का निश्चित सदा सम्मान हो॥

हो रही बोलो तरक्की मूल्य क्या,
इस धरा की वेदना है शून्य क्या,
वृक्ष कटते या प्रदूषण जल घुला,
जीव होते लुप्त मृत होती हवा।
सृष्टि यह जीवित रहे यह ध्यान हो।
ज्ञान का निश्चित सदा सम्मान हो॥

95. जाने कब क्या हो जाये

जीवन तो यह नित्य ही जाने क्यों हमको भटकाये।
किस्मत का क्या जाने कब क्या हो जाये॥

बोझ काम के दबे हुए,
दिन भर के हम थके हुए,
टर्र टर्र टर्र टर्र सुनके सबकी,
पके आम से पके हुए।
जाने कौन सी मुश्किल किस ओर को हमें बुलाये,
किस्मत का क्या जाने कब क्या हो जाये?

बस की खातिर खड़े रहे,
रिक्शा पर फिर बैठ बढ़े,
गिरा तभी कुछ ऊपर से,
गीले पीले छींट पड़े।
चिपचिप सी चिड़िया की पोटी छू के तनिक झेंपाये।
किस्मत का क्या जाने कब क्या हो जाये?

तभी और कुछ और गिरा,
सर पर टिप से जोर पड़ा,
ध्यान से देखा स्वर्ण धातु का
सुन्दर सा था चेन गिरा।
दाएं बाएं देख के झट से जेब में उसे पठाये।
किस्मत का क्या जाने कब क्या हो जाये?

आगे बढ़े दिखी इक युवती,
परेशान झाड़ी कुछ तकती,
निकट कई कौव्वे आवारा,
चिन्तित सी खग मध्य विचरती।
काक झुण्ड से विनय कर कहे मेरी चेन लौटायें।
किस्मत का क्या जाने कब क्या हो जाये?

रिक्शा छोड़ा पैदल धाया,
मन का चोर उछल कर आया,
जाने इसका है या किसका,
लालच ने हमसे फरमाया।
ये तो ईश्वर के प्रसाद हम आसमान से पाये।
किस्मत का क्या जाने कब क्या हो जाये?

आती दिखी तभी इक गाड़ी,
पुलिस वैन जाती उस झाड़ी,
मन ने मन से कहा भाग चल,
तीव्र हो चली तन की नाड़ी।
पुलिस धूर्त है जाने अब यह किसको कहाँ फंसाये।
किस्मत का क्या जाने कब क्या हो जाये?

दौड़े भागे घर को आये,
सांकल दरवाजे के चढ़ाये,
जेब में डाला हाथ तो किस्मत,
फटी जेब मुँह और चिढ़ाये।
जेब को खाली देख मन कहे जोर लगा चिल्लाये,
किस्मत का क्या जाने कब क्या हो जाये?

96. युद्ध है प्रबल

युद्ध है प्रबल, शत्रु है सबल, वीर त्याग भय।
नीति रण बदल, रह जरा सँभल, चल जरा सँभल॥

शत्रु है अदृश्य तो बचाव कर स्वयं,
तीव्र ताप वेग है बहाव अति परम।
लक्ष्य वार का प्रहार का सदा समय,
बाँध चल तू गाँठ में प्रघात का भी भय।
दिख रहा सुखद जगत, तू सावधान चल...
रह जरा सँभल...चल जरा सँभल॥

अस्त्र शस्त्र मात्र आज मुख के आवरण,
सावधान रहना होगा ले के भीष्म प्रण।
कार्य टल सके अगर न जाइये कहीं,
जो निकट हृदय हैं, उनको राखिये वहीं।
मार्ग में अनेक बिखरे, मारने को छल...
रह जरा सँभल...चल जरा सँभल॥

तामसी सी हो गई धरा डरावनी,
भाँति भाँति की बनी विभिन्न छावनी।
जीविका है छिन गई अनेक हाथ की,
आवश्यकता आज होगी सबके साथ की।
एक दूसरे से मिलता सबको धीर बल...
रह जरा सँभल...चल जरा सँभल॥

97. भूख गरीबी

आग लगी किस पेट में,
आई उसे लपेटने।
भूख गरीबी बन पिशाचिनी,
आती छुप के देखने॥

नयनों में हैं अश्रु, वसन के नाम चीथड़े थोड़े।
आते जाते देखे जो भी, नाक चढ़ा मुख मोड़े॥
बालक वृद्ध रुग्ण काया के, कातर हाथ पसारें।
असह वेदना हाय पृथा पर, जीवन जीकर हारें॥
इन्हें समझकर कूड़ा कचरा,
कभी-कभी कुछ फेंक दें।
भूख गरीबी बन पिशाचिनी,
आती छुप के देखने॥

यहाँ वहाँ विचरें जैसे हों, फिरते पशु आवारा।
कोई नहीं राह में दिखता, बन जाये जो सहारा॥
जहाँ तहाँ जब तब जा बैठें, जैसे मूक परिंदे।
देकर ठोकर मार भगाते, सरकारी कारिंदे॥
इनमें से भी कुछ तो निर्लज,
आते रोटी सेकने।
भूख गरीबी बन पिशाचिनी,
आती छुप के देखने॥

समुचित शिक्षा सरकारी से, हो सकता परिवर्तन।
रोजगार को सिखा पढ़ा दो, हो जाए धन अर्जन॥
वृद्धों को भेजें वृद्धालय, बच्चों को विद्यालय।
युवा को थोड़ा काम सिखाएं, पा जाये जीवन लय॥
जो भी रहते हैं समाज में,
वो यदि लगें सहेजने।
भूख गरीबी की पिशाचिनी,
लग जायेगी समेटने॥

आग लगी किस पेट में,
आई उसे लपेटने।
भूख गरीबी बन पिशाचिनी,
आती छुप के देखने॥

98. आजाद

आजाद होकर क्या किया हमने भला सोचो जरा,
संतप्त हो माँ भारती की पूछती पावन धरा।

विष बेल सा फैला हुआ, अन्याय का तम आवरण।
चहुँ ओर ही करते व्यथित, उर वेदना से सिक्त क्षण।
सभ्यता को त्याग नर का, मार्ग भौतिकता भरा॥
आजाद होकर...

है विसंगति विविध सामाजिक अभी जग व्याप्त है।
कितने नर फिरते अकिंचन, कुछ को वैभव प्राप्त है।
हम सभी भी तो सदा, कमजोर को रखते डरा॥
आजाद होकर...

नारियाँ असहाय निर्बल, पुर नगर अपमान हो।
कुछ फिरें उन्मुक्त सी, धन रूप पर अभिमान हो।
इस समाजिक शूरता में, आचरण बहुधा गिरा॥
आजाद होकर...

ध्वज लाज की खातिर अनेकों, वीर बलि वेदी चढ़े।
मार्ग के कंटक हटा, हर हाल में आगे बढ़े।
त्याग वधु सुत तात माँ वह, राष्ट्र गौरव को मरा।
आजाद होकर...

सर्वजन कल्याण कारी, कार्य सबका मान हो,
धर्म जन गण हित हमेशा, सर्वदा यह ध्यान हो।
कर्म गौरव मातु का, हर दिन बढ़ाएं दायरा।
आजाद...

आजाद होकर क्या किया हमने जरा सोचो जरा
संतप्त हो माँ भारती की पूछती पावन धरा।

99. अपना भारत

रंग बिरंगा अपना भारत, चलता पूरे शान से।
सुर मुनि गण भी करते रहते, ऋचा पाठ गुणगान के॥

होली दीवाली के जैसे, क्रिसमस पावन ईद हैं।
खुशहाली से पूर्ण धरा यह, जिसके सभी मुरीद हैं।
अपनी संसद पावन रखते, सब अपनी हर बात को।
पक्ष विपक्ष सभी जन जगते, वक्त पड़े दिन रात को।
नई सूचना क्रांति के कारण, सब कुछ होता ध्यान से।
रंग बिरंगा अपना भारत, चलता पूरे शान से॥

प्रेम तपस्या की यह धरती, नव रंगों की बानगी।
नए कपोल किलोल करे जब, कथा कहें मुस्कान की।
देश प्रेम की खुशबू बिखरी, शहर नगर पुर ग्राम में।
गीत मनोहर सब ही गाते, अपने अपने धाम में।
देश हमारा सबको प्यारा, ज्यादा अपनी जान से।
रंग बिरंगा अपना भारत, चलता पूरे शान से॥

किन्तु अभी है शेष बहुत कुछ, करना काफी कार्य हमें।
भूख गरीबी अभी भी पसरी, नहीं नहीं स्वीकार्य हमें।
मुट्ठी भर चावल की खातिर, बढ़ते हाथ अनेक दिखें।
जल संकट बढ़ती जनसंख्या, कर के अपने लेख लिखें।
तभी आत्मनिर्भरता होगी, जब छूटेंगे दान से।
रंग बिरंगा अपना भारत, चलता पूरे शान से॥

रंग बिरंगा अपना भारत, चलता पूरे शान से।
सुर मुनि गण भी करते रहते, ऋचा पाठ गुणगान के॥

100. ले चल

ले चल कहीं भी ये मेरी जिंदगी।
हर तरफ ही खुशी है खिली चाँदनी॥
ले चल कहीं भी...

कहीं बादलों का गाँव तो,
कहीं धूप के संग छाँव भी।
कहीं रुपहली रंग में ढली,
हैं तितलियाँ उड़ती चली।
प्यार है इस कदर आँख रहती खुली,
ले चल कहीं भी...

इन हवाओं में कुछ तो नशा,
दिल ये धड़कता हर दिशा।
जो निगाह नेह से हो भरी,
हर ओर खुशियों की गली।
फूल हों शूल हों खुद में सब ही भली,
ले चल कहीं भी...

बस चार दिन का सिलसिला,
किसी से भला कैसा गिला।
तुम भी सही हम भी सही,
मिल जुल सदा चाहत मिली।
राह में रब मिला हो गई बन्दगी,
ले चल कहीं भी...

जन जीव जलचर वन विहग,
सरि वारि वारिधि निर्झरी।
तरु कुसुम पल्लव सुख सुभग,
वसुधा सजी रंगों भरी॥
क्या भला ढूँढना स्वर्ग सारा यहीं,
ले चल कहीं भी...

ले चल कहीं भी ये मेरी जिंदगी।
हर तरफ ही खुशी है खिली चाँदनी॥
ले चल कहीं भी...

Books from the Author

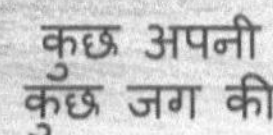

Review on Amazon   *****

Geetika Thakur

5.0 out of 5 stars

Reviewed in India on 4 July 2016

Verified Purchase

Book is as beautiful as its outer appearance,
with easy to understand language and writer's

thoughts presented in form of short poems make it a treat to read , a must have product!

4 people found this helpful

Praveen

5.0 out of 5 stars Five Stars

Reviewed in India on 20 June 2016

Very meaningful book. Must get a copy and read it.

3 people found this helpful

Review on Flipcart ✶✶✶✶✶

It is such a marvelous book of poems.

After a long time I have read such a book of poems where human emotions and feelings are floating with the waves of sentiments and with all the conscience of the reader. These poems are not only exploring one's hidden values but also discovering clandestinely, hiding socio-economic status of the people of India. Whereas, some poems are criticizing prevailing dirty politics and some making us thoughtful about our surroundings. Above all, it's a worth full reading experience.

I congratulate Manoj jee and Notion Press for bringing the meaningful book, before the readers like us.

Meenakshi Singh

A wonderful poetry book by Manoj Srivastwa
The poetries written by Manoj Jee and published in this book are not only discovering various dimensions of life but also narrating our experiences and exposures so grabbed, while encountering with prevailing Socio-economic status of the country. Some poetries are successful in making direct connection with human thoughts, feelings and behaviors...I congratulate Manoj Jee and Notion press to bring such wonderful poetries before readers...

Abhik Singh

दिन प्रतिदिन की घटनाओं का जीवंत प्रतिबिम्ब है

अवशेष - अवशेष में प्रस्तुत कहानियां हमारे समाज में घटने वाली दिन प्रतिदिन की घटनाओं का जीता-जागता प्रतिबिम्ब है. हमारे चारो ओर आए दिन ऐसी घटनाएं घटती रहती हैं जिन पर अमूमन हमारा ध्यान नहीं जाता है मगर वह समाज के स्थापित मूल्यों की धज्जियां उड़ाती रहती हैं, कई बार इस तरह की घटनाएं हमें झकझोर कर रख देती है मगर कुछ समय बाद हम उसे भुला देते हैं मगर कहानीकार मनोज श्रीवास्तव ने इन्हीं घटनाओं के मानवीय संवेदनाओं को इतनी बेहतर तरीके से शब्दों का परिधान पहनाया है कि जिससे वो पूरी तरह सजीव हो उठी हैं.   अवशेष के बारे में निःसंदेह कह सकते हैं कि एक बार पढ़ने के बाद बिना इसे समाप्त किए आप रूक नहीं पाएंगे।

दैनिक हिंदुस्तान (समाचार पत्र)

अवशेष यथार्थ का आइना - मध्यम वर्गीय जीवन के जद्दोजहद को उजागर करती इसकी कहानियां सादगी की समृद्धता लिए हुए हैं, इस संग्रह की कहानियों में ग्रामीण जीवन का ठाठ, अभाव और द्वंद देखा जा सकता है. नीयत और नियति से जूझती हुई कुछ कहानियां, संघर्ष और स्वप्न सींझती हुई कुछ कहानियां अप्रत्यक्ष की इतनी गहरी प्रत्यक्ष भागीदारी करती हुई, प्रेम और कर्तव्य की खुश्बू से सरोबार मानवीय चरित्रों की सार्थक बुलंदियों तक स्थापित करती हैं, इसकी कहानियों में अनोखी लयबद्धता भी महसूस होती है. किंतु यह कोई शिल्पगत प्रयोग नहीं, अपितु मृण्मयता को अमूर्तन की व्याप्ति में निष्पन्न कराने की साधना है जिसे मनोज कुमार श्रीवास्तव ने इस रचना संग्रह में साधा है.

दैनिक जागरण (समाचार पत्र)

वैचारिक परिशोधन में सक्षम अवशेष - बैंक अधिकारी के रूप में कार्यरत उदीयमान साहित्यिक व्यक्तित्व का साक्षात आगाज मनोज कुमार श्रीवास्तव की कहानी संग्रह अवशेष साहित्य जगत को अर्पित है. श्रेष्ठ कथाकार वही होता है जो वर्ग विशेष के लिए नहीं बल्कि समाजोत्थान के दायित्व के लिए हो. कहानी संग्रह अवशेष कुल पंद्रह कहानियों का संकलन है, जो समय समय पर अथवा परिस्थिति विशेष में लिखी गई लगती हैं.

विराट वैभव (समाचार पत्र)

अवशेष आम आदमी से बात करती कहानियां - अवशेष मनोज कुमार की 15 कहानियों का एक संग्रह है, कुछ कहानियां निश्चित रूप से मार्मिक एवं हृदय को छू जाने वाली हैं. कहानियों में गति है, घटनाक्रम बड़ी तेजी से बदलते हैं और शायद यही कारण है कि कहानी पाठकों को बांध कर रखती है.

डी.एल.ए. (समाचार पत्र)

आपने अपने व्यस्त एवं नीरस बैंकिंग जीवन से समय निकालकर उत्तम कोटि के सरस साहित्य का सृजन किया है, इसके लिए आप अनेकशः बधाई के पात्र हैं.

आर. राजामोहन (उप महाप्रबंधक)

भावप्रवण और हृदयावर्जक कहानियों को पढ़कर आपके कथाकार रूप के प्रति मन में अपार श्रद्धा उमड़ पड़ी है, हिन्दी कथा साहित्य को आप जैसे मनोविश्लेषकों की आज विशेष आवश्यक्ता है, आपसे हिन्दी कथा साहित्य को बहुत आशाएं हैं.

डा. शिववंश पाण्डेय
(पूर्व उपाध्यक्ष सह निदेशक, बिहार राष्ट्रभाषा परिषद)